# 居里夫人自传
## 风雨科学路

［法］玛丽·居里 著
杨建邺 译

华中科技大学出版社
http://www.hustp.com
中国·武汉

图书在版编目（CIP）数据

风雨科学路：居里夫人自传/（法）玛丽·居里著；杨建邺译. —武汉：华中科技大学出版社，2020.9（2024.2重印）

ISBN 978-7-5680-6477-4

Ⅰ.①风… Ⅱ.①玛… ②杨… Ⅲ.①居里夫人（Curie，Marie 1867-1934）—自传 Ⅳ.① K835.656.13

中国版本图书馆 CIP 数据核字（2020）第 148844 号

风雨科学路：居里夫人自传　　　　　　　　　　　　　［法］玛丽·居里　著
Fengyu Kexue Lu: Juli Furen Zizhuan　　　　　　　　杨建邺　译

策划编辑：曹　程　肖诗言
责任编辑：江彦彧
封面设计：璞茜设计
责任校对：李　琴
责任监印：朱　玢

出版发行：华中科技大学出版社（中国·武汉）　　　电话：（027）81321913
　　　　　武汉市东湖新技术开发区华工科技园　　　邮编：430223

录　　排：华中科技大学出版社美编室
印　　刷：湖北新华印务有限公司
开　　本：710mm×1000mm　1/16
印　　张：13.25
字　　数：188 千字
版　　次：2024 年 2 月第 1 版第 2 次印刷
定　　价：32.00 元

本书若有印装质量问题，请向出版社营销中心调换
全国免费服务热线：400-6679-118　竭诚为您服务
版权所有　侵权必究

# 英译者的话

译者应该对美国矿业局的首席化学家和镭研究的权威R. B. 穆尔博士表示衷心的感谢,他认真地读完了全部译稿,以保证涉及居里夫人和她的丈夫在镭研究工作上的每一个技术细节,都能确切地译成英文。

夏洛特·凯洛格

维农·凯洛格

Preface
# 引言

在我们这个世界上,每隔一定的时期就会有一名男性或女性公民降生到人间,并为人类社会做出巨大的贡献。玛丽·居里就是这些人中的一个。她发现了镭,这不仅推进了科学的发展,还减轻了人类遭受疾病的痛苦,增加了人类的财富。她的意志,和极度热情的工作精神,对男性来说都是一种挑战。

1898年春天,那时美国正准备向西班牙宣战,一个早晨,在巴黎郊外一个简陋的木棚子里,居里夫人结束了工作。她走出棚子,松弛了一下身体,舒了一口气。这时的她,已经掌握了人世间最伟大的一个秘密。

秘密尚未宣布，世界还沉浸在一片宁静之中。这是人类历史上一个伟大的时刻。

那个早晨的伟大发现，经历了人间可怕的磨难，经历了人们无数的争论、猜疑，最终才获得了认可。它象征着坚韧，象征着顽强，象征着不屈服的意志和疯狂般的工作精神。居里夫人和她的丈夫皮埃尔·居里经历了人们无法想象的坎坷、困顿，才获得了大自然的这一无价的奥秘。

有人问我，为什么要发起"玛丽·居里镭基金"募捐活动，以及我是怎样说动居里夫人写这本书的。

居里夫人是我所见过的最谦虚的女性。不经过长期耐心的劝说，她决不会为自己写自传。但在她的书中，还有许多内情她没有谈到，因此我觉得我有义务在这儿进行一些说明，这样我们就可以更全面地认识这位伟大而高尚的女性。

1919年5月，为了接近居里夫人，我先认识了巴黎《晨报》的主编斯蒂芬·洛桑（Stephene Lauzanne）先生，多年来他一直关注着居里夫人。他对我说：

"居里夫人不愿意会见任何人，除了工作，她对其他一切都不感兴趣。

"她最讨厌的事就是对个人的宣传或报道，她无法想象还有比这更令人厌恶的事情了。她的思想非常准确，逻辑非常强，如科学本身一样。对于报纸杂志过分注重科学家而不是科学，她完全不能理解。她所关心的事，除了工作，就是她的家。

"皮埃尔·居里不幸去世后，巴黎大学的教授和行政当局打破常规，决定聘请一位女性担任该校副教授。居里夫人接受了聘请，连第一次正式授课的日期都定下来了。

"1906年10月5日下午，这是一个具有历史意义的下午。以前听皮埃尔·居里讲课的学生，再次聚集在一间大教室里。

"那天听课的人特别多——名流、政治家、学者、教师等等。上课时间到了的那一刻，讲台旁的一个侧门打开了，一个两手苍白、身着黑色服装的女人走向讲桌，她那突出的额头特别引人注目。出现在听众面前的是一位智者，一位充满生命力的智者，而不仅仅是一位女性。她一出现在讲台上，热烈的掌声立即响起来，而且持续时间达5分钟之久。掌声终于停息下来以后，居里夫人微微鞠了一个躬，嘴唇颤动了几下。听众都竖起耳朵，想知道开始的第一句话她会说些什么。显然，在这具有历史意义的时刻，她无论怎样开头都将具有重要意义。

"前排坐着的一位速记员正执笔以待，准备记录她的讲话。她会讲些什么呢？讲她那不幸过世的丈夫？感谢教育部长和听众们？没有，她没有讲任何闲话，而是简单地以下面的话开了头：

"'当我们了解到19世纪开始的放射性研究已经为科学带来的进步时……'这位伟大女性认为唯一重要的是继续研究和前进，大可不必将时间花在没有意义的闲话上。她直截了当，避免了所有的繁文缛节，用清晰悦耳的声调开始了她的讲课。除了脸色显得格外苍白和嘴唇不时有点颤动以外，人们看不出她激动的心情；她将那难以克制的激动之情克制得让人们难以察觉。"

这就是这位伟大女性毕生表现出的一种特征：干起工作一往直前，从不拖泥带水。

幸运的是，居里夫人答应与我进行一次交谈。在离开美国之前的几周，我曾经参观过爱迪生（Thomas Alva Edison）先生的实验室，他的设备非常完备而且十分高级，他本人可以自由地支配实验室所有的一切。他不仅在科学上很有实力，在经济上也同样有强大的实力。童年时代，我曾与亚历山大·格雷姆·贝尔（Alexander Graham Bell，电话发明者）为邻，那时我对他那豪华的住宅和良种骏马羡慕得不得了。前不久我到匹兹堡时，那里的炼镭厂高大的烟囱直入云霄。

在我的印象中，制造镭监测仪（radium watches）和镭瞄准镜（radium gun sights）好像已经花了几百万美元；而贮存于美国各地的镭，价值已达数百万美元。在拜访居里夫人以前，我曾经设想这位靠勤劳和智慧致富的女性，大概会住在爱丽舍宫殿附近的某个白色宫殿里，或者是巴黎某条漂亮街道的豪华住宅里。但是，出现在我面前的是一位极其朴素的女性，她在一个设备极不完善的实验室里工作；而且法国教授薪水不高，她只能依靠这点薪水住在廉价的公寓里。

居里夫人的实验室在位于皮埃尔·居里路1号的一幢新楼里，这幢新楼矗立在巴黎大学旧建筑物中间，非常显眼。我一走进这幢楼房，就立即对镭的发现者的实验室有了一个初步印象。

在一间没有任何装饰的小办公室里，我等了一会儿。这间办公室按我的想象，应该用密歇根州大急流城制造的豪华家具装饰一番，才能与它的地位相匹配。坐下没多久，有一扇门打开了，一位穿着黑色棉织品外衣的妇人进来了。她苍白而羞怯，面部表情显得十分忧郁，以前我从没有见过这种令人震颤的忧郁。

居里夫人的两只手很秀气，但十分粗糙。我还注意到她有一个独特的小动作，她的指尖经常神经性地在大拇指上揉搓，节奏很快。后来我才明白这是由于她的手指常常被镭照射，已经失去了知觉。她十分友善，那秀丽的脸上显示出学者特有的表情：坚韧和对世事的超然。

她谈到了美国，说多年以来她一直想到美国去看一看，但又舍不得与她的两个女儿分开。

她如数家珍地说:"在美国大约有50克镭,其中4克在巴尔的摩,6克在丹佛,7克在纽约……"

"法国有多少克镭呢?"我问。

"只有1克多一点点,"她简洁地回答说,"都在我的实验室中。"

"夫人您只有1克镭?"我惊讶地问。

"我?不,我一点都没有,"她更正我的话道,"这1克镭属于我们的实验室所有。"

我提到她的专利,认为她对镭的生产方法应该拥有专利权,仅此专利的收入就会使她成为一位百万大富翁。

她淡淡地说:"我们拒绝任何专利。我们的目的是促进科学发展,镭的发现不应该只是为了增加任何个人的财富。它是一种天然的元素,应该属于整个人类。"

她在说这些话时,我丝毫也看不出她认为放弃专利权有什么值得惊讶的地方。但是,她为科学的进步和减轻人类的痛苦做出了重要贡献,而正当她大有作为之时却没有足够的设备让她的智慧为人类做出更大的贡献。

1克镭的市场价格当时是10万美元。居里夫人的实验室尽管在一幢新建筑物里,但却没有足够的镭;她的实验室的那一点镭只能用于产生镭射气,供医院用来治疗癌症。

居里夫人对生活的艰难困苦无怨无艾,但对于设备缺乏而影响了她和她女儿伊伦娜的研究,倍感遗憾。这些研究十分重要,急需尽早开始。

几周以后我回到了纽约,开始我本指望找到10位富有女性,每位如果捐助1万元,我们就可以买到1克镭送给居里夫人,从而让居里夫人继续进行研究。这样就不必开展公开的募捐活动。

但是，后来我发现找不到这样的 10 位女性。但是却有 10 万名女性和一群男性愿意共同帮助居里夫人，他们有决心为居里夫人募集到购买 1 克镭的钱。

我们开始了声势浩大的募捐活动。第一笔数目比较大的援助是威廉·沃恩·穆迪夫人（Mrs. William Vaughn Moody）提供的，她是一位美国诗人兼剧作家的遗孀；第二笔来自赫伯特·胡佛（Herbert Hoover）先生。

当全国性活动展开时，我们组织了一个委员会，罗伯特·G. 米德夫人（Mrs. Robert G. Mead）担任秘书，她是一位医生的女儿，自己也是癌症预防工作者；尼古拉斯·F. 布雷迪夫人（Mrs. Nicholas F. Brady）被选为执行委员会的一员。这些女性得到了一些男性科学家的支持，他们都十分清楚镭对人类的重要价值，其中有罗伯特·阿贝博士（Dr. Robert Abbe）和弗朗西斯·卡特·伍德博士（Dr. Francis Carter Wood），前者是美国第一个将镭用于医疗的外科医生，后者是纪念克鲁克尔癌症研究实验室（Crocker Memorial Cancer Research Laboratory）主任。

不到一年的时间，捐款就募集齐了。

科学家们选出了一个由伍德博士领导的委员会去购买镭。美国所有生产镭的工厂都来投标，最后，标价最低的一家工厂获得了订单。这个委员会的成员名单如下：罗伯特·阿贝博士、鲁歇尔·吉滕登博士、休·卡明博士、D. B. 德纳万博士、威廉·杜恩博士、詹姆斯·埃文博士、利文斯顿·法兰德博士、约翰·芬尼博士、H. R. 盖洛德博士、W. J. 荷南博士、弗隆·凯洛格博士、霍华德·凯利博士、乔治·F. 昆兹博士、W. 李·刘易斯博士、狄奥多·黎曼博士、威尔·J. 梅沃博士、约翰·C. 麦瑞姆博士、乔治·B. 佩格拉姆博士、查理·鲍尔斯博士、C. A. L. 瑞德博士、狄奥多·里查德博士、埃德加·F. 史密斯博士、S. W. 斯特拉登博士、霍华德·泰勒博士、威廉·泰勒博士、查理·D. 瓦尔柯特博士、路易斯·B. 威尔逊博士、威廉·H. 威尔士博士、弗朗西斯·卡特·伍德博士等。

巴黎《晨报》的主编斯蒂芬·洛桑记叙了居里夫人一生中第二件难忘之事，那是我与她会面快一年以后的事，距离在巴黎大学她第一次站上讲台那动人的一幕已有15年。这些年来她从未在公众面前露面，全身心在实验室里忙于研究。1921年3月，洛桑先生再次听到了她的声音。他描述当时的情形说：

"我拿起电话，听见有个声音说：'居里夫人想和您通话。'简直无法让我相信——可是，别又发生了什么不幸的事吧？忽然，电话里传来了居里夫人的声音，这声音我以前虽然只听到过一次，却已经牢记不忘了，那是居里夫人在接替皮埃尔进行讲课时讲的话：'当我们了解到19世纪开始的放射性研究已经为科学带来的进步时……'

"居里夫人说：'我想告诉您，我准备到美国去一趟。做出这个决定很不容易，因为美国是那么遥远，而且它又那么辽阔。如果不是有人邀请我去，我恐怕永远也去不成的。我的确有些担心，但又夹着极大的喜悦。我从事的是放射性科学研究，因此知道在科学领域的许多方面我们都得益于美国。听说您很赞成我到美国去一趟，所以我想首先告诉您，我已经决定去。不过请您暂时不要让任何人知道。'

"这位法国最伟大的女性说话时简直像一个小姑娘，犹豫、颤抖着。她虽说每天与比雷电还危险的镭打交道，但只要遇到要抛头露面的事情时，她就显得胆怯、踌躇。"

我前面说过，她以前谢绝了几次去美国的机会，是因为她舍不得与她的两个女儿分开。我想，这次她最终答应进行长途旅行和面对让她害怕的公众和传媒,部分原因是她要感谢那些支持她开展科学研究的广大美国公众,但更主要的原因是这次美国方面为她的两个女儿提供了与她一同长途旅行的机会。

在传闻中,科学家似乎总是冷酷无情的,为了达到研究的目的而完全不顾及他人,但在居里夫人身上人们却看不到一丝这种痕迹。在第一次世界大战期间,她驾驶着自己改装的有 X 射线辐照设备的汽车,在战场上日夜奔波,从一家医院奔向另一家医院,还自己洗衣、晾晒和熨衣。在这次赴美的长途海上航行中,有一次在岸上旅馆住宿时,除了我们一行 5 人以外,还有几个别的房客。当我走进居里夫人的房间时,她正在洗内衣。

我告诉她,这种事自有服务员做,用不着她来做。她立即回答说:"我经常自己洗衣服,习惯了。现在突然来了这么多住宿的人,服务员要做的事够多的了。"

哈定总统(President Harding)准备在白宫举办的招待会上,亲自把用募捐资金购买的那 1 克镭赠送给居里夫人。在招待会举办的前一天晚上,有人送来了赠送证书,精致的证书上写着:美国妇女授予玛丽·居里任意使用这 1 克镭的权利。

居里夫人仔细看了证书上的赠文,又思考了一会儿,说:"这是一件十分高尚和慷慨的礼物,但赠文不能这样写。这 1 克镭值一大笔钱,但更为重要的是,它代表了美国妇女的崇高心意。这不应该是送给我个人的礼物,而应该是送给科学的。我现在身体很不好,随时都有可能死去。如果我去世了,这 1 克镭就成了我个人的私有财产,而且将由我的两个女儿共享。我认为这样就亵渎了赠送这 1 克镭的崇高目的。这 1 克镭只能永远献给科学。您能让律师再起草一个文件,把这个目的写清楚吗?"

1921年，居里夫人（右二）带着女儿艾芙（右一）、伊伦娜（左二），在麦隆内夫人（左一）的陪同下访问美国

我说，这容易，过两天就会办妥。

她急了："这件事必须今天晚上就办好，明天我将收下镭，而明天我也有可能突然去世。这件事不能等到明天再办。"

没办法，在那个5月的炎热夜晚，我们好不容易才请来了一位律师，他按照居里夫人写的草稿重新起草了一份文件，她在起程到华盛顿之前签了名。开尔文·柯立芝夫人（Mrs. Calvin Coolidge）是整个事件的见证人之一。

这份重新拟定的文件是这样写的：

根据 1921 年 5 月 19 日的协议，如果我去世了，我将把玛丽·居里镭基金会妇女执行委员会捐赠给我的 1 克镭，转给巴黎镭研究所，由居里实验室管理和使用。

这件事充分表明了镭的发现者的品格是如何始终如一，也充分显示她一年前对我说的话是如何出自肺腑："镭的发现不应该只是为了增加任何个人的财富。它是一种天然的元素，应该属于整个人类。"

居里夫人很早就有一个梦想，那就是期望自己有一个宁静的家，一个有鲜花和小鸟的花园，还有篱笆围墙的家。但这个梦想至今还没有成为现实。在乘火车穿越美国广阔的田野和山谷时，她经常很感兴趣地欣赏窗外景色，每当她看到小镇上一些带有花园的住宅时，就会对我说："我多么希望有这样的一个家。"

在皮埃尔和玛丽·居里的生活中，买房子的事情只能排在第二位，因为那些本可以用来买房子的钱总是被他们用来购置实验室的设备，因此他们的家就只能因陋就简，看起来颇为寒酸了。对于皮埃尔·居里的不幸早逝，她感到最伤感的不是他没住上好房子，而是他生前从来没有拥有一个真正属于他自己的实验室。

当她准备结婚时，居里夫人的一个亲戚送给了她一笔用来买嫁妆的礼金。礼金虽然不是很多，但对于像她这样住在巴黎的穷学生来说，却十分珍贵。玛丽·斯可罗多夫斯卡当时正是花季年华，而且姿色秀丽动人，又有极好的天赋，她当然不会不在意自己美丽的容颜，也不会不喜欢漂亮的衣裳。爱美之心人皆有之，她岂能没有？但她非同一般的理智，使她做出了最有利于她个人生活的选择。

她没有用这笔礼金购买婚礼服饰，结婚时仍然穿着从波兰带来的朴素服装，而用本该用来买婚礼服饰的钱买了两辆自行车，以便她和皮埃尔骑车远游,共享法国美丽的乡间风光。他们就是这样度过蜜月的。

当居里夫人在美国各地演讲和参观时,不断有人请她写自传,要求她把自己传奇的一生写下来。他们对她说,这件工作有重要的历史价值,而且对准备献身于科学事业的学生来说,肯定会有很大的影响。

最后她同意写,但她这样说:"我的生活中都是一些很平凡、很单调的小事,哪能写出一本书来呢?我生于华沙一个教师的家庭。我与皮埃尔·居里结婚,有两个女儿。我在法国工作。"

**邮票上的居里夫人**

这么伟大的女性却把自己看得这么平凡,这本身就是一种伟大而谦逊的精神。当我们中的绝大多数已经被人们遗忘,当第一次世界大战的往事在历史书上只留下几页记载,当各种各样的政权瓦解、重建、又瓦解时,一切陷入虚无缥缈,但居里夫人的成就将永远被人们怀念、牢记和流传。

她以及她丈夫的研究工作，从 1898 年那个春天的早晨（到底是 5 月 18 日还是 20 日，居里夫人自己也不能确定）开始。人们已经写出了不少的书来描述镭的发现——到底有多少这样的书，谁也不知道。那天清晨，在巴黎郊外的一间木棚屋里，经过了一整夜的苦苦守候，她终于把镭作为伟大的礼物献给了人类。科学家们还会对这种神奇的元素继续研究下去，还会获得更多的成果；但是，关于这位伟大的女性本身，这本篇幅不大的自传所告诉我们的东西，恐怕会远多于其他任何一本书。

她的信仰和人生观是："在科学事业中，我们应该关心的是事，而不是人。"

麦隆内夫人

Contents

目录

## 居里夫人自传

1/少女时期·婚姻 · 003 ·

2/婚后生活·发现镭 · 020 ·

3/战争时期的救护工作 · 042 ·

4/美国之行 · 058 ·

## 皮埃尔·居里传

题记 · 069 ·

前言 · 070 ·

1 / 居里家族·皮埃尔的幼年和求学之始　　·071·

2 / 青春梦想·第一项科研：发现压电效应　　·078·

3 / 理化学校实验室主任·对称性原理·磁学　　·086·

4 / 婚姻和家庭·个性和品格　　·100·

5 / 梦想实现·发现镭　　·113·

6 / 奋斗和名声·迟到的关注　　·123·

7 / 民族的悲哀·神圣的实验室　　·143·

评价皮埃尔·居里的文章选录　　·149·

# 附　　录

附录1　1903年诺贝尔物理学奖授奖辞和获奖演说　　·157·

附录2　1911年诺贝尔化学奖授奖辞和获奖演说　　·168·

附录3　居里夫人生平大事年表（译者编）　　·181·

居里夫人自传

# 1/少女时期·婚姻

▶ ▶ ▶ ------------------------

  美国的朋友们劝我把我的生活经历写下来。开始我认为这个建议对我来说无异于天方夜谭，但最终我被说服了，于是勉强写出了这本简短的传记。我要说明的是，我的这本自传不可能写下我一生中所有的感触，也不能详细叙述我经历过的所有事件。时过境迁，许多对当时的感触的记忆已经模糊，时间越久，模糊越甚，以至于有时竟认为有些事情与我无关；还有许多事情似乎应该与我有关，但当我想写下来的时候，又觉得这事似乎是别人经历的。当然啦，总会有些主要的思想和某些深刻的感触，影响和支配着我们的一生，使生活沿着一条主干道前进。这条主干道一般比较容易确定、觅得，有了它就会明白当初为什么要这样做而不那样做，也就可以看到当事人的人格等各个方面的特点。下面我把我艰难的人生经历的主干道及其反映出的主要特点，简单地进行叙述，希望读者看了有些收获。

  我的祖籍是波兰，名字叫玛丽·斯可罗多夫斯卡。我的父母都出生于波兰小地主家庭。在我的祖国，像我父母那样拥有一份不大的产业的中产家庭很多，他们在社会形成了一个阶层，彼此之间往往有亲戚关系。到目前为止，波兰的知识分子大多来自这一个阶层。

  我的祖父管理着一所省立中学，闲暇时间还要干些农活。我的父亲非常喜欢读书，后来毕业于俄国的圣彼得堡大学。毕业后回到波

居里夫人的父亲

兰,在华沙的一所大学预科学校里担任物理学和数学教授。他认识了一位与他志趣相投的年轻女子,她还非常年轻,却已是华沙一所女子学校的校长。在当时,她所从事的教育事业被认为是极其崇高而庄严的事业。他们后来结了婚。

我的父母对于他们从事的教育事业非常认真,一丝不苟,克尽厥职。他们的学生可谓桃李满天下,全国各地都有。这些学生都十分感谢我的父母,并永远怀念他们。即使在今天,我只要到波兰去,就总会遇到我父母以前的学生,向我叙述他们对我父母的怀念之情。我父母虽然在华沙投身于教育事业,但他们与农村的亲戚经常有来往,每到放假的日子,我就会到这些亲戚家小住一段日子,因此我对波兰的农村情况还比较了解,而且喜欢到农村度假。在农村,我会不由自主地感到自由自在和舒适惬意。我终生喜爱农村和大自然,恐怕与这段值得纪念的生活经历不无关系。

1867年11月7日,我出生于华沙。我是我父母5个孩子中最小的一个。因为我的大姐在她14岁时不幸病逝,所以我们家只剩3个姐妹和一个兄弟。由于大姐去世,我母亲悲伤万分,后来竟因此染上了不治之症,不久也与世长辞,年仅42岁,而我那年只有9岁,大哥也只有13岁。我们全家悲恸欲绝。

亲人的遽然离去,是我一生中首次遭遇的最悲惨、最痛苦的事情,此后我常常会没有任何原因地突然陷入忧伤、沮丧的状态,恐怕与这种惨痛遭遇不无关系。我母亲品格高尚、温柔敦厚、慈爱心善,并且知识渊博、襟怀坦白、以身作则。虽然她宽容大量、豁达大度,但在我们家中她很有威信,大家都很信服她。她热心虔诚、心地豁

居里夫人的诞生地华沙市弗里德大街 16 号，墙上的匾额写的是："玛丽·斯可罗多夫斯卡诞生于此。"

达，虽然她和我父亲都是天主教徒，但他们从来不鄙视其他宗教的信徒；如果有人意见同她不一致，她也能虚怀若谷、谦虚谨慎地聆听他人的意见。她对我们几个孩子的影响，更非同一般。对我个人来说，除了因为是小女儿，格外受母亲关爱而深爱母亲以外，我对母亲还有一种高度羡慕、深深崇拜的情感。

母亲去世之后，父亲非常悲痛，为了化解这刻骨铭心的悲痛，他把全身心都投入到了工作以及对我们几个孩子的教育上，这样，他几乎没有为自己留下什么空闲的时间。母亲去世了好多年以后，我们仍感到不习惯，好像家庭少了灵魂和主宰一样。

我们开始学习的时间都比较早，比如我，7 岁就开始上学，是班上年龄最小、个头也最小的学生。结果，每当有人到我们班上听课或

兄妹五人（1872年）

左起：大姐索菲、三姐赫拉、玛丽、哥哥约瑟夫和二姐布罗妮亚

参观时，老师总是就近把我点到讲台前，让我拿着课本朗诵。我生性胆怯，因此常常为这件事感到害怕、困窘，以至于总想有个地方能躲藏起来才好。我父亲是一位十分优秀的教师，对我们姊妹兄弟的功课都非常关心，常常用很有效的办法辅导我们。我最初在私立学校读书，后来因为家庭日益拮据，不得不转入公立学校。

波兰首都华沙当时正处于俄国政府的统治下，波兰人过着艰难而屈辱的日子。俄国统治者的统治手段十分残酷，而最狠毒的又莫过于对学校的严厉管制和对学生的迫害。波兰人办的私立学校，都必须受到警方的监视，而且被规定必须用俄语教学。学生们在很小的年龄就开始学俄语，结果母语波兰语反而说不好了。好在这种私立学校里的教师都是波兰人，他们大都无法忍受这种耻辱，因此尽量设法让学生多学一点波兰语。但是这种私立学校都不被准许授予正式的文凭，只有公立学校才有这种权力。

所有公立学校都是俄国人办的，他们的教育宗旨就是尽一切力量防范、阻止波兰民族意识的觉醒。在这种学校里，所有的课程都由俄国人用俄语进行讲授，这些俄国教师仇恨波兰民族，因此他们对待学生简直就像对待仇人一样凶狠。有学术地位和道德高尚的学者，都不会到这种学校任职，因为他们根本无法忍受这种敌对的态度。学生在这种学校里学习的知识到底有没有价值，颇令人怀疑；更糟糕的是，这种学校的环境只会对学生的道德品质起恶化的作用。学生整日处于敌意的监视之中，稍不留意说了一句两句波兰话，或者言辞内容稍有不当，就会受到十分严厉的处分，有时还会因此累及家人。学生从幼年开始就完全置身于一种虚伪、怨恨、彼此不信任的氛围中，这必然使得他们天真、欢悦的本性丧失殆尽。当然，这种可怕的氛围也常常会把波兰年轻人的爱国热情激发到极致。

在这种异族凌辱的环境，加上丧母的悲痛心境下，我幼年时期的日子过得抑郁、缺少欢乐。当然，愉快的事情总还是有的，在我的记忆之中仍然保留着那些愉快的回忆。亲朋好友的欢聚就是最让人兴奋和欢乐的事情，为我们郁闷的生活带来安慰和希望；还有，我的父亲毕生喜爱文学，他能够熟记波兰和其他一些国家诗人写下的诗，还常把外国优秀的诗歌翻译成波兰文，有时自己也写诗。他常常把家中看来琐细的小事写成短诗，让我惊讶不已，读之再三，喜不释手。每逢周末的晚上，父亲常常让我们围在他的身边，向我们朗诵著名波兰诗人写的诗歌，我们都沉浸于他朗诵的激情之中，我们爱国的热情也在这潜移默化的熏陶中逐渐强烈。

我在童年时期就喜欢诗歌，而且能够背诵许多波兰著名诗人的诗，其中最喜爱的是密茨凯维兹、克拉辛斯基和斯洛瓦茨基等人的诗歌。后来我学习了外国文学之后，这种爱好就更加明显了。我很早就学习过法语、俄语、德语，能够阅读这些语种的文学名著，后来我觉得英语的作用越来越大,又开始学习英语,不久就可以熟练地阅读英文名著了。

我母亲是一位音乐家,唱起歌来声音圆润动听、吐词清晰。她曾经希望我们都学习一些音乐,可惜我不大热衷,所以学得比较少。自从她去世以后,没有人教,也没有人督促,已经学到的一点不久也荒废了。每次一想到这件事,我心中就总是追悔莫及。

到了读中学时,数学和物理学课程都是我的强项,可以应付自如;即便有时遇到困难,我也可以随时向父亲讨教。他热爱科学,而且在学校里也教授这些内容。他常常喜欢向我们解释自然现象的奥秘。可惜的是他没有自己的实验室,不能从事自己喜爱的实验研究。

假期是我最欢乐的日子,因为我们可以到农村住到亲戚或好友家里,在那儿没有城市中各种警探的监视,我们可以轻松愉快、自由自在地生活,不受任何约束。我们可以到树林里奔跑、大声喊叫,也可以在一望无垠的稻田与农民一起劳动。那时我们真是开心极了。有时我们还可以向南走,越过边境到加里西亚的山中,这儿不属俄国人统治,统治者是奥地利人,他们对波兰人比较友好,因此在那儿我们可以大声讲波兰话,高唱爱国歌曲,用不着担心会被抓到监狱里去。

我从小生活在平原地带,初次来到山中居住,格外惊喜,也留下了难以忘怀的印象。我真的非常喜欢住在喀尔巴阡山山区的村庄里,在那儿你抬眼远眺,可以看到远处的山峰巍峨峻峭、高耸入云;如果你向下俯视,又可以看到山谷深邃逶迤,碧波荡漾的湖水点缀其间,让人心旷神怡、兴会淋漓。这些湖大多有着风雅别致、让人心动的名称,例如有一个湖的名称是"海的眼睛"。不过对我来说,始终难忘的还是一望无垠、辽阔无边的平原,那开阔的视野,那柔和的美景以及沁人心肺的色调,永远让我的心灵为之震颤。

后来,父亲带我到更南方的波多尼亚度过了一次假期,在敖德萨我第一次看到了大海;我们还曾北上到波罗的海的海滨小住。这经历对我来说,真是够刺激和够惊心动魄的了。但是到了法国,我才真正领略到

美丽的波兰乡村风光

了海浪的变化莫测和潮汐进退的壮观景象。我一生都是这样：只要见到大自然各种赏心悦目或惊心动魄的景象时，我就总会像小孩子一样雀跃起来。

我们的学生生活很快就结束了。凡属于要动脑子想的功课诸如数理，我们都能轻松地学好。我哥哥完成了医学院的学习，成了斯可罗多夫斯基医生，后来成了华沙一所大医院的主任医生。我们姊妹三人原来都打算像父母一样从事教育工作，但二姐后来改变了主意，也像哥哥一样学习医学，她在巴黎大学获得了医学博士学位，后来与一位波兰的内科医生德鲁斯基结了婚，到奥属波兰喀尔巴阡山山区一个风景优美的地方，创办了一家大型疗养院。三姐在华沙结婚，成了斯查莱先生的夫人，她一直兢兢业业地从事教育工作，先后在多所学校任教。波兰自由独立后，她在一所中学任校长。

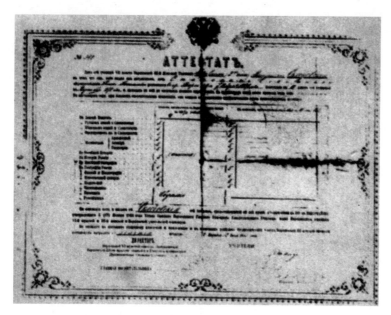

玛丽的高中毕业证书

在读中学时，我的考试成绩总是名列前茅。毕业时我只有15岁，也许由于学习太努力，身体不大好，发育似乎也不理想，于是父亲强迫我在毕业后到农村生活了差不多有一年的时间，让我充分休息。假期度完了，我又回到父亲身边。原打算在一所免费中学任教，但家庭的经济状况使我改变了计划。父亲当时已年老力衰、体弱多病，迫切需要休息，但他的收入却十分有限。我决定找一个工资较高的工作以帮助父亲，因此我接受了一个家庭教师的职位，但需要离开华沙到外地独立生活。那年我还不到17岁。

那次离家的情景，至今我仍然记忆犹新、历历在目。当我登上火车时，心情十分沉重，我将远离亲人，让火车把我带到它要行驶几小时才能到达到的远方。据主人交代，下了火车还要乘马车走上5个小时。车窗外广袤的平原急速向后退去，而我的心情一直没有平静过：等待我的一切会是什么样的呢？

我任职的家庭的男主人是一位农庄主。他的大女儿与我的年龄相仿，虽然由我教她学习，但她后来成了我的伙伴。家里还有两个小一些的孩子，一个男孩，另一个是女孩。我和我的几个学生相处得很好，每天上完了课，我们就一起出门散步。幸好我从小喜爱乡村，因此也不感到寂寞。这儿的乡村景色不怎么吸引人，但它四季的景色变换仍然让我欢悦和满足。这个庄园的新式种植技术，被认为是这一地区的先进典型，它使我感到非常新奇。我逐渐知道了谷物的种植技术，并且不间断地关心谷物种植后的生长情形。在农庄的马厩里，我还摸熟了马的脾性。

冬天来临，银装素裹的辽阔平原，颇为动人。我们经常乘雪橇在雪上疾驶，有时连路也被雪掩盖，根本看不见，每到这时我就会吓得向橇夫喊道："小心河沟！"橇夫会毫不在意地喊道："我们正在向河沟冲去！不要怕……"话没说完，雪橇就翻了个底朝天。在雪上翻滚不那么可怕，反而为远游增添了几分乐趣。

我记得有一年冬天，田野里雪很厚，我们用雪做了一个奇形怪状的雪屋，我们可以坐在这个屋子里，欣赏远处被染成了玫瑰色的雪原。我们也常常到封冻了的河上滑冰，这给我们带来极大的乐趣，以至于我常常担心天气转暖会夺走我的欢乐。

因为我只教3个学生，时间还有富余，我看见村里有许多小孩子在俄国人

**21岁的玛丽**，由她坚定的目光可以看出，她不会放弃自己的追求

的统治下不能受到基本教育，就主动自愿地把他们编成了一个班，用波兰语的课本，教他们读书写字。令我高兴的是，主人家的大女儿热情地帮助我做这件事。孩子们的父母十分感激我，但我却得承担一定的风险。虽然我的义务工作对社会有百利而无一害，但政府却禁止这类活动，认为它有碍社会稳定，此事一旦被他们发觉，我就有可能被抓进牢房或流放到西伯利亚。

晚上的空闲时间，我一般都用来学习。虽然我也喜欢文学、社会学，但在那独自一人自学的日子里，我发现自己真正的爱好还是数学和物理学。我暗自决定今后要到巴黎学习，于是下定决心要为将来认真做好准备。同时，我计划攒下一笔足够的钱，以保证我在巴黎的生活和学习。

在自学过程中，我遇到了许许多多的困难，有些困难是从没有料到过的。我在波兰中学接受的教育，与法国中学相比有很大的差距。为了弥补这一差距，我按自己的设想找来一些书进行自修。这种学习方式得到的效果虽然不十分理想，但也有一些成效。除了学到一些对以后很有用的知识外，更重要的是我养成了独立思考的习惯。

二姐布罗妮亚去巴黎留学之前与家人合影。左起：玛丽、父亲、布罗妮亚、赫拉

后来，由于我二姐要去巴黎学习医学，我去巴黎学习的计划也随之变动。我们的经济状况不允许我们同时到巴黎学习，因此我们计划相互帮助，先后完成学业。就这样，我在这位农庄主家里任教了三年半的时间，一直到学生们完成学业为止。然后，我回到华沙，那儿有一个类似的工作正等我去就任。

在新的职位上我任教了一年。这时父亲早已经退休，我因此得以与父亲亲密地度过了一年的美好时光。在

玛丽当年做实验的实验室

这一年里,他写了一些文学作品,我则靠给学生讲课增加收入,并继续抓紧时间自学。在俄国人统治下的华沙,我要实现我的计划是很不容易的;但比起在农村,我成功的机会还是要多一些。最让我高兴的是,我第一次有机会在一间实验室里做实验。这个实验室是市政府下属的一个机构,我的一个表兄任实验室的主任。每天晚上和星期天我可以进实验室做实验,而且多半只有我一个人在实验室里。我按照课本上讲的方法做各种各样的物理和化学实验,经常有各种意料不到的结果出现。如果成功了,我就高兴极了,并大受鼓舞;但也常因缺乏经验而导致失败,这时我就会感到非常失望,十分沮丧。这些经历,使我深切地明白成功的道路是坎坷的，但我却由此更确信我的天性的确适合学习物理和化学。

后来我又找到一个教学职位。事情是这样的，当时我加入了华沙的一个学习团体，它是由热心于教育事业的波兰青年人组织的。这个团体有自己独特的一套学习方式，共同的学习愿望使这群青年人走到了一起。但这个组织也有一定的政治色彩，要求组织中的人应以服务社会、报效祖国为己任。在一次集会中，有一位青年说："我们祖国的希望就在于提高人民的知识水平和加强人民的道德观念。只有如此，才能提高我们国家在世界上的地位。而当前最重要的事情是努力自学，同时尽力在工人和农民中普及知识。"根据这一精神，我们商量并决定在晚间向大众传授知识，每人讲授自己精通的内容。这显然已经具有秘密结社的性质，因而要冒一定的风险。好在参加的人都有为祖国献身的精神。我至今仍然相信，参加这个组织的人必将为社会做出真正的贡献。

我参加这个组织时，参与者们相互鼓励、切磋知识、彼此帮助，至今回忆起来仍令我感到欢悦和激动。由于缺乏活动经费，组织没有取得显著的成效，但我至今仍然确信，当时的追求和种种行动，的确是使波兰社会取得进步的唯一道路。要想建立一个美好的社会，社会中的每个个人必须受到良好的教育，具备良好的素质。如果每个人都尽力完善自己，又共同分担社会责任，尽心尽力于自己的本职工作并以最有益的办法帮助他人，我们的社会必然会进步，走向美好。

这种经历，更增强了我努力学习、深造的决心。我父亲的财力虽然有限，但出于爱女之心切，他愿意帮助我尽快实现深造的计划。当我姐姐在巴黎结婚以后，我就决定到巴黎去读书，和她住在一起。父亲和我都计划，在读完书以后，我就回到华沙，再与他愉快地生活在一起。但是，婚姻改变了原来的设想，我婚后留在了巴黎。我后来在法国取得的成功，使远在华沙的父亲倍感欣慰，因为我终于实现了他的夙愿——做科学研究。父亲无私的慈爱，我终生难忘。后来，他住在已婚的哥哥家里，教育几个孙子，这时他成了最善良的祖父。1902年他与世长辞，享年70岁。

1891年11月，我终于实现了多年的梦想，进入了巴黎大学文理学院物理系学习。这年我24岁。

到了巴黎后，姐姐和姐夫热情有加地接待了我，但我在他们家只住了几个月就开始另找地方居住。这是因为他们为了行医的方便，住在巴黎城郊，距离学校太远。我需要住得离学校近一些，这样可以有更多的时间学习。我像许多波兰学生一样，租了一间很小的房子，房间里只有一些最简陋的、必不可少的家具。4年的留学生活，就是这样在艰难中度过的。

玛丽初到巴黎后的第一张照片

这4年中我取得的学业上的进步，不可能一一讲出来。我一个人无牵无挂，没有任何外界事务打扰我，所以我能全身心投入到学习中，学习的进步又使我获得极大的满足和欢乐。谈到我的生活，由于我只有很少的钱，亲人也没有多大能力帮助我，所以是相当艰难的。不过并不是只我一人如此，许多从波兰来的学生都有相似的经历。我住在顶层的阁楼里，巴黎的冬天特冷，我取暖的炉子又小，屋里根本暖和不起来，有时还常常缺煤，所以屋里盆中的水在晚上结冰，那是常有的事情。为了睡觉时被子里能暖和一些，我常常把我所有的衣服都压在被子上。做饭，我用的是一盏酒精灯，其他做饭用具则寥寥无几。为了节省时间和钱，我的饭常常是一点面包加一杯巧克力茶，几个鸡蛋或一点水果。一切家务琐事都是我亲自做，没有任何人帮助，为了取暖，我得一个人把煤背到六楼。

这种生活在某些人看来，也许过于艰苦，但我却自得其乐，整日欢悦地沉浸于学习之中；这一经历也使我充分体会到自由和独立精神

玛丽在巴黎大学攻读第一个学位时的照片

的宝贵。在巴黎这个大城市里,我是一个没有任何人注意的无名小卒,独自一人生活在自己的空间里,虽然孤居独处、孑然一身且无依无靠,但我并没有萎靡消沉,也没有心生黯淡凄惨之情。有时,孤独也会在不知不觉中袭来,但我的情绪通常都十分平稳,精神上有极大的满足感。

我将精力全部投入学习之中,尤其在一开始,因为学习对于我来说有相当的难度。我以前的知识水平较差,虽做了一些准备却仍然很不充分,与法国同学相比还有很大的差距,特别在数学上。我不得不付出更大的努力才能补上这些不足。我把我白天的时间平均分配在课堂、实验室和图书馆,晚上就一个人躲在阁楼上拼命用功,有时学到深夜还不愿罢手。所有学到的新知识,都会使我兴奋和激动不已。科学的奥秘,像一个新的世界逐渐在我眼前展开,我也逐渐可以自由地、随心所欲地学习它们、掌握它们。这是何等的快事呀!

与同学们之间的和睦相处,也给我留下了愉快和难忘的记忆。刚到巴黎的时候,我沉默寡言,羞涩腼腆。后来我发现同学们个个学习极其认真,待人亲切友善,于是我开始和同学们共同讨论学习上的一些问题,这样更增加了我对学习的兴趣。

在我读的系里没有波兰来的同学,但我与一个波兰侨民组织的小团体关系十分密切。我们时常在一所简陋的小屋里聚会,畅谈祖国的种种问题,使我们怀念祖国的情感有机会得以抒发。我们有时一起到外面散步,有时还参加公众的集会,大家对政治的热情很高。加入这个团体不到一年,我不得不脱离它,因为我认为我应该把全部的精力投入学习之中,这样我才能在尽可能短的时间里完成学业,即使是假期,我也不得不抓紧时间复习数学。

我付出的努力收到了效果,以前我知识上的各种欠缺都渐次补上,因此我能够与同学们同时通过了考试。在1893年物理学结业考试中,我名列甲等;1894年数学结业考试,我列在乙等。我对自己所取得的成绩十分满意。

我的姐夫后来提起我这段艰苦至极的学习时期时戏称之为"我姨妹一生中伟大而英勇的时期"。我个人也一直把这段奋斗的时期视为我一生中最值得回忆的美好时期之一。在这几年中我孤身一

玛丽·斯可罗多夫斯卡

人,独自奋斗,全身心投入学习,最终达到了有能力做科学研究的目的。

1894年,我第一次见到了皮埃尔·居里。见面的起因是我的一个同胞,弗利堡大学的教授打电话邀请我到他家去玩,他还邀请了一位巴

皮埃尔·居里

黎的年轻物理学家，他对这位年轻的物理学十分熟悉而且倍加赞赏。我进入他家客厅时，立即看见了这位年轻人，他站在一个面向阳台的法兰西式窗口处，像嵌在窗子上的一幅画像一样。他身材修长，头发是赤褐色，眼睛大而澄澈明亮。他神态潇洒，表情深沉温柔，当你猛地看见他时，你会觉得他是一个沉浸在自己思索中的梦游者。皮埃尔·居里对我率直恳切，似乎很富有同情心。初次见面，我们聊得很融洽，临别时他表示希望以后能再次见面，以便继续谈论科学和社会等方面的问题。我们对这些问题有许多相似的观点，所以很聊得来。

不久，他就到我住的地方拜访我，慢慢地我们成了好朋友。他向我介绍了他的研究，以及献身科学的梦想和决心。后来，他希望我能与他共同生活，共同实现追求科学的梦想。开始时我不能做出这种决定，因为这将意味着要永远离开我的祖国和我的父亲。

假期来了，我回到波兰，那时我还没有下定决心再回巴黎。但后来随着事态的发展，在那一年的秋季，我又回到了巴黎。我进了巴黎大学的一所物理实验室，开始进行实验研究，以便完成我的博士论文。

我又继续与皮埃尔·居里交往。由于研究方面的原因，我与他的接触日趋频繁，两人之间的关系也日益亲密。到了我们都认识到除了对方谁也不可能找到更合适的伴侣时，我们决定结婚。1895 年 7 月，我们举行了婚礼。

当时皮埃尔·居里刚获得博士学位，被巴黎理化学校聘任为教授。这年他才 36 岁，但已经是国内外知名的物理学家了。由于他全身心投入到科学研究之中，所以他很少关注自己的职位、待遇方面的问题。这样的结果是他的经济状况很一般。婚前他和年迈的双亲一起生活，住在巴黎城郊的西奥镇。他非常敬重他的父母，我记得他第一次向我谈到他的父母时，他用"至善至美"一词描述他们；事实上他绝没有言过其实。他的父亲是一位资深的医生，学识渊博、豁达大度、性格坚强；他的母亲是一位贤妻良母，她把自己的一生无私地奉献给了她的丈夫和孩子们。皮埃尔·居里有一个哥哥，那时是蒙彼利埃大学的教授，皮埃尔对他的哥哥非常敬重，两人关系也很亲密。我有幸能进入这样的家庭，实在令人欣慰；而他们也热情地欢迎我成为他们中的一员。

我们的婚礼极其简单，参加婚礼的人只有不多的亲人和好友，我的父亲和三姐从波兰赶来参加了婚礼，这使我感到非常欣慰。至于我和皮埃尔两人，都没有特意去购买婚礼服饰。

我们两人共同的愿望就是有一个安静的地方供我们居住和工作，别无其他奢求。非常幸运的是，我们找到了一处有三个房间的公寓，从窗口向外望去，可以看到一个美丽的花园。我们的双亲为我们购置了一些家具；我的一个亲戚送给我一笔礼金，我们用来购置了两辆自行车，以便出门远游。

## 2/婚后生活·发现镭

▶▶▶ ----------------------

婚后,我开始了一种新的生活,这与前几年孤独一人的生活完全不一样。我们之间情爱极笃,再加上两人的工作又很类似,所以我们几乎总在一起,很少分离,因此彼此间也没有什么信件的来往。皮埃尔在教课之余,把所有时间几乎都用在实验研究上,我也获得理化学校的允许,可以在他的实验室里与他一起工作。

居里夫妇在新婚的蜜月里

我们的住处离学校很近,所以来去不用花费很多的时间。但是由于我们的收入有限,我不得不用相当多的时间来操持家务,这就与我的学习、研究发生了冲突,要想把两者同时处理好,也并非是一件容易的事。幸好我意志坚强,总算勉强把两者的冲突处理得比较合宜。最让我高兴和满意的是,我们的家庭没有让人厌烦的琐事打扰,这使我们可以过上安静、温馨的生活。

我在实验室工作的同时,还需要学习一些课程。为了今后有资格在女子中学讲课,我必须通过一个证书考试。经过几个月的准备,在1896年8月,我不仅通过了这个考试,而且考了第一名。

骑自行车出门旅游是居里夫妇最喜爱的室外活动

在实验室工作之余，我们主要的消遣是散步和骑自行车到乡村郊游。皮埃尔最喜欢户外活动，对于森林中的各种动物、植物有永不衰减的兴趣。巴黎附近所有的森林，没有一处他不熟悉的。我也一向喜欢乡村，所以我们两人常常兴致勃勃地骑车郊游；这样还有一个好处是可以让我们的大脑在紧张的科学研究之余得到充分的休息，紧张的心情亦得以舒缓。郊游归来，我们常常带回几大束芳香的野花。有时游兴来了，我们会乐以忘归，忘却了时间，直到深夜才回到家里。我们定期探望皮埃尔的父母，他们为我们留有固定的房间。

到了假期，我们会骑自行车到远处旅游。我们走遍了奥弗涅和塞文山区，还到过海滨的许多地方。我们两人都喜爱这种长途旅游，每天晚上总要找一个新的地方住宿。但如果在某个地方待久了，皮埃尔又会急着想回到实验室去工作。有一次假期中，我们到喀尔巴阡山拜访了我的家人。由于这次的波兰之行，皮埃尔学会了讲几句波兰话。

我们生活中最重要的事当然还是科学研究。皮埃尔对所授之课程，备课非常认真，我有时也帮助他搜集一些资料，这种帮助反过来也增加了我的知识。不过我们大部分时间还是在进行科学研究。

皮埃尔没有自己个人的实验室。虽然有学校的实验室可以利用，但这仍然不能满足他研究的需要。为此他找了一个没派上用场的角落，作为自己实验的场地，虽然狭小，但却自由自在、不受约束。从这件事我领悟到，一个人在条件并不完善的情形下，仍然可以设法改善条件，从而心情愉快地工作。这一时期里，皮埃尔正在进行晶体研究，我则研究钢的磁性。我的这一研究在1897年完成，研究报告当年就发表了。

这一年，我们的长女伊伦娜出生了，我们的生活也因此有了大的改变。几个星期之后，皮埃尔的母亲去世了，我们在巴黎城郊另外租了一处带花园的房屋，把他的父亲接过来一起生活。皮埃尔活着的时候，我们一直住在一起。

有了女儿后，一个严重的问题摆在了我们面前：如何哺养、照管伊伦娜且让我能不放弃科学研究？放弃科学研究对我来说是非常非常痛苦的，皮埃尔也认为决不能让我放弃，他甚至没有这样想过。他常常说，上帝特地为他造就我这个妻子，为的是能与他分享一切。我们都没有打算放弃我们两人都如此珍视的科学研究工作。

我们不得不请一个女佣，但我仍然要亲自负责照料女儿的一些琐细事务。当我到实验室工作时，女儿就由她的祖父照管，他非常喜爱孙女，常说他的生活因有了孙女而有了无尽的欢乐。家庭成员相互间的关怀、体谅，使我能够顺利地从事科学研究，也不耽误对女儿的照料。只有在特殊情形下，例如女儿生病时，我得通夜不眠地照料她，生活的节奏也因此会被打乱。

我们以事业为重，不愿意有不相干的事情打扰，因此我们只和很少的朋友交往。偶尔有一两个与我们相熟的科学家来访，大家就在客厅或花园中交谈，而与此同时我还要拿着针线为女儿做衣裳。在亲戚中，只有皮埃尔的哥哥与我们始终来往密切。我的亲戚都离得太远因此很少来往，我的姐姐和姐夫这时已经离开巴黎回到波兰去了。

在这种清静而又非常适合我们愿望的生活方式下，我们才得以完成一生中伟大的事业。这一研究事业开始于1897年，从那时起就从未中断过。

在我寻找博士论文的课题时，亨利·贝克勒尔正在从事稀有金属铀盐的实验，这一实验非常有趣，引起了我的注意。当贝克勒尔把铀盐用不透光的黑纸密封后放在照相底片上时，他发现底片会被感光，就像有日光的作用一样。贝克勒尔认为，底片之所以被感光，是因为铀盐可以放射出一种射线，这种射线与日光有所不同，它可以穿透不透光的黑纸。除此之外，贝克勒尔还证明这种射线可以使验电器放电。最初贝克勒尔错误地以为，其射线的产生是铀盐曾经在日光中暴晒的结果，但后来发现，在黑暗中存放了几个月的铀盐照样可以放出这种射线。

我和皮埃尔被这种新射线所吸引，并决心对它的性质进行研究。要研究它，首要的任务是要对它进行精确的定量测量。我决定利用验电器放电的这一特性来进行测量，但我没有像贝克勒尔那样用一般的验电器，而是使用了一种可以进行定量测量的设备。我当初用来进行测量的设备的模型，现在被陈列在美国费城医学院里。

我们很快就获得了有趣的结果。实验的结果证明，这种射线的放射实际上是铀元素的原子特性之一，与铀盐的物理或化学性质无关。任何铀盐，其所含的铀元素越多，其放射的射线就越强。

此后我想进一步探明：是不是还有其他元素也可以像铀盐一样放射出同样的射线？很快我发现，钍元素也有相同的特性。正当我准备进一步研究铀和钍的放射性的时候，一个新的发现立即吸引了我。

我曾经用放射性方法检验过许多矿石，如果有相同的射线产生，我们就可以断定这矿石中含有铀或钍。如果这些矿石的放射强度与矿石所含铀或钍的成分成正比，当然就没有什么可惊讶的，但事实上却出现了意外：有些矿石放射性强度是铀的3倍或4倍。我仔细地核查了这一新的发现，最后认为这是千真万确、不容置疑的事实。对这一现象进行认真分析后，我认为只有一种解释，那就是在这种矿石中含有一种未知的元素，它的放射性远强于铀和钍。皮埃尔认同我的分析，于是我希望尽快找到这一未知的元素。我还认为，只要我和皮埃尔携手努力，很快就会获得成功。我未曾料到的是，随着这项研究的深入开展，我们已经走上了一条通往新科学的道路，而且我从此再也没有离开过这条新的科学之路。

在开始的时候，我们并没有指望这种矿石含有较多数量的新元素，因为这种矿石早就被他人多次研究和分析过。所以我最初估计，这种矿石里新元素的含量很难超过百万分之一。但随着研究的进展，我们才认识到百万分之一的含量还估计得太高，真正的含量比这还小得多。这当然也说明，这种新元素的放射性极强。如果开始时我们知道含量那么小，我真不知道我们会不会在设备差和经费不足的情形下有决心和勇气干下去。现在回顾起来，由于开始不知道难度有多大，因而决心很大；而后虽然发现困难不断加大，但研究的成果却也有相当的进展，于是高涨的热情使我们顾不上去考虑困难的多少。经过几年刻苦、发奋的努力，我们最终分离出了这种新元素，它就是如今人人都知道的镭。下面我把我们研究和发现的过程简略地介绍一下。

研究刚开始的时候，我们不知道这种未知元素的任何化学性质，只知道它有很强的放射性，所以我们只有跟踪这唯一的线索。第一步的工作，是将从圣约阿希姆斯塔尔运来的铀沥青矿进行分析。除了利用通常的化学分析方法以外，我们还用皮埃尔发明的精密计电器，精细测量其不同部分的放射性。这种方法现在已经成为一种新的化学分析法的基础。后来这种分析法得到了进一步的改善，很多人利用它发现了其他几种放射性元素。

经过几个星期的工作以后，我们确信我们的预言是正确的，因为未知新元素的放射性在有规律地增强。又过了几个月，我们已经从铀沥青矿中分离出一种与铋混合在一起的元素，它的放射性远远超过了铀元素。这种新元素有确定的化学性质。1898年7月，我们终于向世人宣布：一种新元素被我们发现。我建议为它取名为钋（Polonium），以纪念我的祖国波兰。

在发现钋的同时，我们还发现从铀沥青矿中分离出的钡盐中含有另一种未知的新元素。我们又紧张地工作了几个月，分离出了第二种新元素，后来我们才知道它比钋更加重要。1898年12月，我们正式宣布了这一新元素的发现，并将其命名为镭。这一元素如今已为世人共知。

我们虽然确信发现了两种新元素，但仍有大量后续工作等待我们去做。我们此前主要是利用放射性的特

**实验室里的居里夫人**

性从铋盐和钡盐中发现含量极微的新元素，接下来要做的事是要把这两种新元素以纯元素的形式分离出来。我们很快就投入了这一工作。

可是，要从事这项分离出纯元素的工作，我们的设备太差；我们还需要大量原矿以便进行化学分析，但是我们没有钱买这些原矿；我们既没有实验室可以做分析实验，也没有助手来帮助我们。一切都得白手起家，从头干起。如果按我姐夫所说，我在巴黎的早期学习时期是我独自生活中伟大英勇的时期的话，那我就可以毫不夸张地说，我和皮埃尔从事这项工作的时期，就是我们两人共同生活中最伟大英勇的时期。

从以前实验的经验中我们知道，在圣约阿希姆斯塔尔炼铀厂冶炼后的废渣铀沥青矿里，一定含有镭元素。这家工厂属于奥地利，我们想办法获取了许可，可以无偿地得到这些废渣。这种废渣本身倒不值钱，但

居里夫妇做实验的棚室

要把它们运到巴黎却颇费周折。当这些用袋子装着的混着松叶的褐色废渣运到我们实验室门口时,我真是高兴欲狂。当我们后来知道这些废渣的放射性比原矿还强时,我颇感惊讶。这些废渣原来堆放在工厂外面的松树林中,没有经过任何处理。这简直是上天造化。后来,奥地利政府根据维也纳科学院的建议,又允许我们以低廉的价格购买了好几吨这种废渣。我们实验室中分离出的镭,全都是由这些废渣中提炼出来的。后来美国妇女赠送给我的镭,才是用别的矿石提炼出来的。

理化学校没有为我们提供合适的实验场地,幸亏校长准许我们利用一间废弃的木棚,这间木棚曾供医学解剖用。木棚顶有一扇很大的玻璃天窗,但有数处破裂,下雨时就会漏雨。木棚内,夏天潮湿闷热,冬天则寒气逼人。冬天虽然可以生炉子取暖,但也只有火炉附近才有些许暖气。我们还得自己花钱去购买一切必需的仪器设备，原来木棚里仅有一张陈旧的松木桌子、几个炉台和几盏气灯。在化学实验过程中，常常会产生极富刺激性的毒气，我们只好把这类工作移到门外院子里去做。尽管如此，室内仍免不了常有毒气弥漫。我们极为劳累的工作，都是在如此糟糕的条件下进行的。

虽然如此，我们一生中最美好和欢乐的日子，就是在这极为简陋的旧木棚里度过的。我们终日在棚子里工作，乐此不疲，有时工作太重要，不能中断，我们就在棚子里做一顿午餐，随便应付一下饥饿。我有时得用一根与我体重相同的铁棒搅拌沸腾着的铀沥青矿，到了傍晚结束工作时，我简直精疲力竭，累得完全不想动。有时，我又得从事极为精密的结晶、分离工作，这时我又会苦于室内到处飘浮着灰尘，影响浓缩镭的程序，使我无法保护好分离出的宝贝。唯一令我高兴的是，没有人来打扰我们的工作，这使我们得以安静从事实验。当实验进行得十分顺利，看来完全有可能获得令人满意的结果时，我们就会激动万分，其激动之情简直无法用语言形容。有时我们干了很久而不能得到满意的结果，失望的情绪也会影响我们，幸亏这种情形不会持续很久，往往会被新的设想和工作替代。我们两人在工作之余，会一边在棚中来回踱步，一边冷静地讨论我们进行中的实验，这给我们带来的欢悦，也是无法言喻的。

还有一桩最让我们欢快的事是夜间到木棚去。这时我们可以看到，在玻璃瓶或玻璃管子中，我们提炼、分离的宝贝，向四周发射出淡淡的光彩，那可爱动人的景象，常常让我们惊诧不已。管子里隐约闪烁的异光，真有如神话中的神灯一样。

时光流逝，除了短暂的假期以外，我们从没有中断我们的实验研究，我们的研究越来越明显地向我们显示，我们正日益逼近成功，我们的信心越来越坚定。后来，我们的研究逐渐受到人们的重视，我们不仅可以购得更多的废渣，而且可以在工厂中完成初步的提炼，这样就可以使我们有时间更多地从事精密的分离工作。

居里夫妇在实验室里

在这一阶段，我的工作是专门提炼纯净的镭，而皮埃尔则集中精力研究新元素发出的射线的物理性质。当我们处理完了一吨铀沥青矿废渣后，才得到了确定的结果：在含镭量最多的矿石中，一吨原矿中所含有的镭还不到几分克。

最后，我们分离出来的物质显示了元素应该具备的性质。这种元素有不同于其他元素的特别的光谱，我们还可以确定它的原子量，其值远大于钡。这些结果是在1902年得到的。那时，我们提炼出了一分克极纯净的氯化镭。这样，我们得到了确定镭为一种独立的元素所必需的全部证据。这一工作耗费了我们4年的时间，如果我们有合适的设备和足

居里夫人在实验室

够的资金,也许我们只需1年时间就可以完成。我们呕心沥血所获得的成果,奠定了放射性这门新学科的基础。

又过了几年,我又提炼出几分克的绝对纯净的镭盐,而且更精确地测定了它的原子量。再后来我还提炼出纯粹的金属镭元素本身。但是,1902年仍然是镭的存在及其性质正式确定的年份。

几年来,我们两人全身心沉浸于研究工作之中。与此同时,我们的社会地位也有了变化。1900年,日内瓦大学想聘任皮埃尔为教授。大约在同时,他在巴黎大学文理学院得到了一个副教授的职位,而我则被聘任为塞福尔女子高等师范学校的教授。于是,我们没有去日内瓦,仍然留在巴黎。

我对塞福尔女子高等师范学校的教学工作很感兴趣,我尽力让学生能在实验室从事实际的实验,强化她们的动手能力。这所学校的女生都在20岁左右,她们都是通过严格考试才进入这所学校的。入学后她们必须努力学习方能使各门功课及格,只有这样今后才有资格被聘为中学的教师。故所有进校的女学生,都十分努力,我也因此十分乐于指导她们物理课的学习。

自从公布我们的发现以后,我们的名声日渐增长,实验室原有的宁静被破坏了,经常有人来打扰,这严重妨碍了我们的研究工作。1903年,我完成了我的博士论文,并终于获得了博士学位。这年年底,我们两人和贝克勒尔因为发现放射性和放射性元素,共同获得诺贝尔物理学奖。

居里夫妇获得的诺贝尔奖奖章

获奖后,我们的成就被各种媒体大肆宣传,导致我们好长的一段时间里无法安静工作,每天不断有人来造访,有的人请我们去演讲,有的人请我们撰写稿子。

谁被授予诺贝尔奖,谁就会因此获得极高的荣誉,而且这项奖的奖金数额比其他奖大许多,这给我们后续的研究带来极大的好处。可惜的是这时我们疲劳至极,两个人中常常有一个人身体不好,这真是一件不幸的事情,我们因此不能于获奖当年到斯德哥尔摩受奖和演讲。直到1905年,我们才去往斯德哥尔摩,皮埃尔做了获奖演讲。我们在那里受到了瑞典人民的热情招待。

以前,我们在极恶劣的条件下工作,以致精疲力竭、心力交瘁;现在由于宣传张扬,我们受到造访者不断的骚扰,这更使我们疲于应付。我们喜欢的宁静而规律的生活被彻底破坏,这给我们的生活和工作带来了恶劣的影响。我前面已经说过，我们必须完全脱离外界无端的干扰，才能使正常的家庭生活和科学研究工作进行下去。来造访我们的人，其本意都是好的，但他们不清楚这一行为所造成的后果。

1904年，我们的第二个女儿艾芙·丹妮丝出生了，我被迫暂时中止实验研究。这一年，由于获得诺贝尔奖，再加上社会的普遍赞赏，巴黎大学新开了一个课程，并聘任皮埃尔担任该课程的教授，同时还为他创立一个实验室，任命他为实验室主任。不过实际上，这个实验室并非新建的，只不过是把原先空置未用的房间腾出来，让我们使用而已。

居里夫人和两个女儿

1906年，正当我们要离开我们使用多年、给我们无限愉快的木棚时，一场可怕的灾难降临了。这场灾难夺走了我的皮埃尔，让我一个人孤苦伶仃地抚养孩子，让我只身一人继续我们的研究。

这次灾难使我失去了人生旅途中最亲密的伴侣和最好的朋友，它所造成的深远而严重的影响，不是我的笔墨所能表述的。在这个打击之下，我的精神几乎完全崩溃，觉得再也没有勇气和精力面对未来了。但是我不能忘记皮埃尔曾经对我说过的一句话："即使我不在了，你也必须继续工作下去。"

皮埃尔去世，正好在他的成就和名字被公众认识和熟悉的时候，所以社会上尤其是科学界普遍认为他的去世是国家的巨大不幸。主要是受这种情绪的影响，巴黎科学教育界决定将皮埃尔任教一年半的课程教席，交由我来接任。这可是一个破先例的决定，因为迄今为止，还没有一个妇女担任过这种职务。巴黎大学能最终做出这种决定，实在给予了我无上的荣誉，使我得以继续从事原来的研究，否则我可能

居里夫人和她的两个女儿伊伦娜(左)、艾芙(右)

不得不放弃。我原先并没有期望获得这种荣誉，因为我除了愿意无偿地为科学献身以外，没有任何野心和奢望。但在这种悲惨的情形下授予我这一职务，又不由得使我更加悲痛欲绝。我还担心我是不是有能力担当这一重任。几经犹豫，我觉得起码应该试一试。于是，从1906年秋天起，我以副教授的资格开始在巴黎大学授课。过了两年，我被任命为教授。

在失去皮埃尔以后，我生活中的困难大大增加。以前由我和皮埃尔共同承担的事情，现在都由我一人独自承担。两个女儿的哺育，又必须我亲力亲为。皮埃尔的父亲仍然继续住在我家，他自告奋勇地决定与我共同承担家庭重任。他非常乐意照料两个孙女，自皮埃尔去世后，两个孙女成了他唯一的安慰和欢乐。由于我们的合作和努力，我的两个女儿才得以享受家庭的欢乐。我们心中虽然有万分的痛苦，也决不让她们觉察，因为她们年龄太小，不能让她们过早品尝痛苦辛酸的滋味。由于我的公公非常喜欢在乡间居住，我们在西奥镇租了一套有花园的房屋，从那儿到城里只需半小时。

在乡间生活，确有很多好处，不仅我的公公可以在这儿安度晚年，两个女儿也常常可以到空旷的乡间散步。但由于我白天要上班，常不在家，我们不得不请一个保姆。开始是我的一个表亲来当保姆，后来由一位忠厚的妇女担任，她曾经把我姐姐的一个女儿带大。这两位保姆都是波兰人，所以我的两个女儿都会讲波兰话。我的波兰亲人，也不时来看望和安慰我。一般我都把见面安排在假期，设法与他们在法国海滨相会，有一次还在波兰山区相会。

1910年，我最敬爱的公公在久病之后去世了，我为此悲痛了好长一段时间。在他生病之时，我尽可能抽出时间在病床边陪伴他，听他讲述往事。我的大女儿对爷爷的去世，非常悲痛，当时她已经12岁，已经懂得有爷爷的陪伴是多么重要。往日相伴的欢乐，她是不会忘记的。

西奥镇没有好的学校。当时小女儿还年幼，她所需要的是有利于健康的生活环境，例如到户外游戏、散步，以及初步的小学教育。当时她已经显现出活泼、聪慧的特点，尤其喜欢音乐。她的姐姐在智力方面有些像她的父亲，虽不怎么活泼，反应也较迟钝，但却明显具有理解问题和善于推论的天赋，看起来会像我和皮埃尔一样热衷于科学事业，但我不情愿让她到中学去念书，我觉得中学上课的时间似乎太长了一点，这不利于青少年的成长。

我个人的观点是，对孩子的教育应该适合他们的生理发育和身体成长需求，还应该让他们多接触美术知识。而现今的大多数学校中，各种读写和训练的时间太长，家庭作业又太多。我还认为这些学校的大部分科学课程，都缺少与之相应的实际的训练。

巴黎大学的教职员中，不少人赞同我的观点，于是我们组织了一个互助合作的团体，共同对我们的子女进行一种新模式的教育。我们每人都担任指定的一门课程。虽然我们工作都很忙，而且孩子们的年龄又参差不齐，但我们都对这项教育改革的实验颇有兴趣，我们可以在不多的课时中，将科学和人文课程有机地结合起来讲授，效果十分令人满意；而且所有的科学课程都有实验跟进，孩子们都感到非常有趣。

这种教育，我们进行了两年，大部分的孩子都大有长进，获益匪浅，其中我的大女儿尤其如此。经过这样的教育，她竟然插入了巴黎一所中学的高年级班，而且没有遇到什么困难就通过了各门考试，还以比一般人小的年龄进入巴黎大学，继续攻读科学专业。

我的二女儿虽没有受到这种新模式的教育，但后来也进入了一所学院。开始她只读其中的部分课程，后来才转为正式学生，攻读全部课程。她的学习成绩还不错，可以让我满意。

我十分重视两个女儿的体育训练，除了户外散步之外，我十分重视艺术体操和各种户外运动。在法国，对女子的教育往往忽视了这方面。我要求两个女儿每天都要进行体操的训练，还常带她们到山区和海滨度假，所以她们两个都会游泳、划船。长途远足或骑自行车远游，对她们来说都不是什么难事。

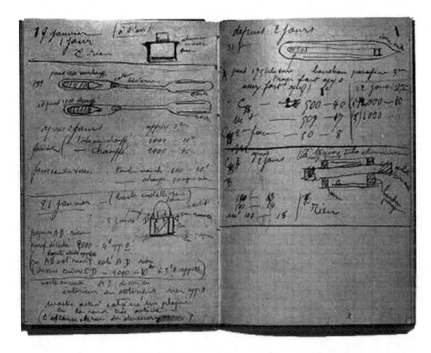

居里夫人的笔记本至今还有很强的放射性,须特殊保存

我的大部分时间仍然用于科学研究,照顾两个女儿,毕竟只是兼顾。有些人,尤其是妇女,常常问我为什么能把这两件事都处理得比较妥帖,而且并行不悖。的确,这不是一件容易做到的事情,需要坚强的毅力和做出一定的牺牲。我与两个已长大成人的女儿感情甚笃,而且长期如此。家庭生活中最重要的是相互谅解,相互敬爱,这样才能使彼此间感到愉快,保持精力充沛。我们之间从来不说一句刻薄的话,从来不做一件自私的事。

1906年，当我开始继任皮埃尔在巴黎大学的职位时，我只有一间勉强可以工作的实验室。它不仅十分狭小，而且设备很不齐全。在皮埃尔去世前，就有一些科学家和学生协助他工作，后来我也因为有他们的帮助，才得以将研究继续下去，而且也获得了较为满意的结果。

1907年，我得到安德鲁·卡内基先生的同情和赞助，他向我的实验室赠予了一笔钱，作为研究奖金，使一些成绩斐然的学生和科学家可以全心致力于研究。这种帮助的确很有价值，可以使那些有志于研究和有研究才能的学者不会中断研究，从而完成他们的志愿。为了科学事业，社会上的有志之士似乎有必要多设置这种奖金。

我那时的任务，是尽全力提炼出几分克极为纯净的氯化镭。到1907年，我测出了镭元素的新的原子量；1910年，我终于提炼出纯净的金属镭。此项提炼和测定工作非常精密，需要特别细心。在一位著名的化学家的倾力相助之下，我才获得成功。自这次成功以后，我没有再重复这一实验，因为实施这种实验程序有丧失镭元素的可能，只有在极端小心翼翼和极为谨慎的操作下才可以避免。在这次成功之后，我终于看到了这神奇而美妙的白色金属镭。但我不能让它始终在这种状态下保存，因为很多实验还等着用它呢。

至于钋元素，我一直没有将它提炼分离出来。这是因为在原矿中它的含量比镭还要少。不过在我的实验室里备有含钋量最丰富的物质，我们可以利用它做各种重要的实验，其中以钋放射时产生的氦气对实验最为重要。

我还特别费了一番心血，将实验室的各种测量方法做了精心的改造。我曾经说过，镭之所以能被我们发现，精密的测量起了极重要的作用。所以我希望有进一步提高测量精密度的方法，这样才有可能获得其他新的发现。

我曾经设计出一个很有效的办法，用镭产生的镭射气来测定镭的数量。我们常采用这一方法，它允许测量非常少量的镭（少于1毫克的千分之一），而且结果有相当的精度。对于量较多的，我们就常用镭射线

居里夫人从 1912 至 1934 年一直住在这栋公寓的三楼

中具有较强穿透性的 γ 射线来进行测量。我的实验室里有这种测量设备，利用这种射线来测量镭的含量，比起用天平进行测量，要迅速和精确得多。然而，用这种新的度量方法，必须先要制定一个经过缜密确定的新标准。

量度镭的方法，必须建立在可靠的基础上，以便可以作为实验室和科学研究的标准而使用。除了这一目的之外，还有更重要和紧迫的原因。这是因为镭在现代医学中的应用与日俱增，所以如何控制其使用量，还有射线的纯净程度，都已经是刻不容缓的大事。

对于镭对生物造成的各种影响，在法国曾做过初步实验，取得了好的结果。其所用之镭，就是我的实验室提供的。当时皮埃尔还在，其实验结果让大家感到欢欣鼓舞，于是一个崭新的医疗分支——镭疗法（在法国被称为居里疗法）首先在法国诞生，后来在其他国家也迅速发展起来。由于镭的需求量日益增加，制镭工业也迅速发展起来。第一个这样的工厂首先在法国创建，而且成功地运转起来，以后其他国家的制镭工厂也先后建立，其中最大的目前建在美国，因为美国盛产富含镭的钒钾铀矿，提炼镭比较容易。随着制镭工业的发展，镭治疗技术也随之得到相应的发展。这种疗法对某几种疾病有特殊之疗效，尤其是癌症。由于这一原因，许多大城市中出现了专以这种方法治病的专科医院，有一些医院竟存有数克的镭。镭的出售价格高达每克7万美元，它如此昂贵的原因是原矿中含镭的成分极微，故提炼成本太高。

我们的发现，没有想到竟为社会带来如此大的利益；它不仅在科学上十分重要，而且在医疗上可治疗可怕的疾病。我的欣慰之情，想必读者可以领会。这也是我和皮埃尔多年辛苦劳作换来的报酬，是至高无上的报酬。

镭疗法的成功，要依靠用量的准确无误。所以镭的度量，在工业、医药和科学研究上都同样至为重要。

由于以上原因，各国科学家组织了一个委员会，委员会的全体同人都同意制定一个国际标准，以便共同遵循。制定的方法是，先用极其精密的方法测定若干极纯净的镭盐，用它作为基本标准，然后再用若干纯净的镭盐的放射性与基本标准作一比较，作为副标准，以备各国取用。委员会指派我来制作基本标准。

这种制作，极其精密细致，容不得丝毫马虎。它的重量极小，大约是27毫克的氯化镭，称量必须极端准确。1911年，我将这个基本标准成功制作。这个基本标准，是一个长约数厘米的玻璃管，里面装着曾用来测定镭原子量的纯净镭盐。经过委员会的批准后，它被存放于巴黎附近的赛福尔国际度量衡标准局。委员会还利用这一基本标准制备了几个副标准,并已经投入使用。在法国各地,凡存有镭的玻璃管,其标准的鉴定都是由我的实验室来完成的。鉴定的方法,就是测量它们的辐射强度。无论任何人,都可以带上他的镭到我们这儿来测量、鉴定。在美国,这种事是由标准局来承办的。

1910年,有人提议授予我荣誉勋章。以前曾有同样的动议,提出将该勋章授予皮埃尔,但他反对接受一切荣誉,所以没有接受。我所有一切行为标准,与皮埃尔都保持一致,所以对这件事,也不想违背皮埃尔的意愿。尽管内务部几次劝告,希望我能接受,但我仍然拒不接受。也是在这个时候,有几位同事劝我申请成为巴黎科学院院士候选人。皮埃尔去世前几个月被选

居里夫人1911年获诺贝尔化学奖的证书

为院士,因此我对是否申请院士候选人资格犹豫不决。因为按照章程,我如果想被选上,就得一个一个地拜访在巴黎的所有院士,这件事很让我讨厌;但是如果选上了,我的实验室就会得到一些利益。想到这一点,我就决心参加竞选。我参加竞选一事,又引起了社会公众的热切关注,人们为科学院应不应该接纳女院士而展开了激烈的争论,有一些老院士坚决反对接纳女院士。最后投票时,我以数票之差而落选。从此以后,我就不再愿意作此申请了。因为我最厌恶的事情就是要到处私下求人给予帮助。我认为,这种选举,应该根据申请人的业绩来决定,根本不应该背后交易、私下奔走。例如,有些学院和学会,在我没主动提出任何申请时,就主动吸纳我为会员了。

1911年,由于上述的种种劳心劳力的事汇集于一身,我实在精疲力竭、心力交瘁。到了年底,我终于病倒,而且病得很严重。正在这时,诺贝尔奖第二次授予给我,这次是由我一人获得。对于我来说,这

1911年秋天,居里夫人参加第一次索尔维会议
前排右二为居里夫人,后排右二为爱因斯坦

的确是一个极特殊的荣誉,更是对我所发现的元素和提炼分离出纯镭的成果的高度嘉奖。我当时虽然正在病中,仍然决定亲自到斯德哥尔摩去领奖,我的二姐和长女伊伦娜陪伴我同行。颁发诺贝尔奖的仪式极为庄严动人,与接待国家元首时的庄严不相上下。我在斯德哥尔摩受到了热烈的欢迎,尤其是瑞典妇女界的热情招待使我感动万分。但由于我病重未愈,加上这来去的劳累,等我返回法国后竟卧床几个月不能起来。由于病情严重,加之为了两个女儿便于受教育,我们不得不从西奥镇搬到巴黎城里居住。

1912年,我与他人合作在华沙创办了一所镭实验室。这个实验室由华沙科学学会创建,我被聘为主任,参与指导工作。我当时身体不好,没有离开法国回到祖国,但我十分高兴能尽我之所能指导这个实验室的研究工作。到1913年,我的身体健康稍有起色后,我立即回到华沙参加该实验室成立的纪念典礼,那儿的人们对我的热情欢迎和盛情招

居里夫人在居维叶路 12 号的实验室里（1913 年）

待，使我极为感动。我深深体会到，波兰人民在政治上那么困难的条件下，还能以如此高昂的爱国热情，创立对人民有用的事业，实在太感人了。我永远也不会忘记这种伟大的精神。

我的身体刚有好转时，我就又开始四方奔走，致力于在巴黎筹建一个更合适的实验室。这一切努力终于有了结果，并于 1912 年开始动工兴建。巴斯德研究院表示愿意与新创办的实验室合作，经巴黎大学同意，成立一个镭研究所，其中包括两个实验室：一个为物理实验室，专门研究放射元素的物理化学特性；另一个为生物实验室，专门研究放射性在生物和医学上的应用。但是由于经费不足，工程进度十分缓慢，到 1914 年世界大战爆发时，实验室还没有完全竣工。

# 3/战争时期的救护工作

▶ ▶ ▶ ----------------------

1914年暑假，像往年一样，我的两个女儿在我之先，由她们的家庭教师陪伴离开了巴黎，住进了布列塔尼海滨度假小屋。我十分信任这位家庭教师，由她陪伴我的女儿们，我非常放心。除了她们三人以外，我的几位好友及其家人也在那儿；我因为工作太忙，很少能与她们共同度过整个假期。

我原来计划在7月底到海滨与女儿们相聚，但由于不断有不祥的消息传出，说很快会有紧急军事行动，于是我暂时中止了我的布列塔尼海滨之行。在这种异常的情形下，我离开巴黎显然不大合适，我必须在巴黎静观事态的进一步发展。很快，总动员令颁布了。紧接着，于8月1日，德国对法国宣战。实验室的职员和学生，除了我和一个有严重心脏病的技师，都被征入军队。

接下来发生的事情，每个人都知道。但是，在1914年的8月和9月，只有住在巴黎的人，才能够真正了解首都居民的心态，他们显示出了一种临危不惧、傲然屹立的英勇气概。总动员令很快传到法国各地，每个法国人都勇敢地、急切地争取上前线以捍卫他们的祖国。这期间我们最关心的就是前线的消息。

开始几天传来的消息，变化莫测，反复无常，以后的消息则使人感到事态越来越严峻和危险了。

首先是比利时被德军入侵，尽管小国比利时的军民进行了英勇的抵抗，德军仍大获全胜，后来，德国军队进入瓦兹峡谷，直逼巴黎。没过多久，听说法国政府要迁都波尔多，不少巴黎市民也跟随政府南迁，这些人多半是不肯或者不敢面对德国侵占巴黎的危险。有钱人纷纷乘火车逃向远离巴黎的乡间躲避劫难，火车因此被人塞得满满的，人们进去了就无法动弹。但总的来说，在不幸的1914年里，巴黎居民所显示出的那种安定、稳重、勇毅的态度，给我留下了永难忘记的印象。8月底9月初，天气忽然又风和日丽、温暖宜人，在这种光辉灿烂的天空背景下，这座伟大都市里有纪念意义的建筑物越发显得巍峨高大，令人感受到以前从未感受过的珍贵。

当德军攻进巴黎的危险日趋逼近的时候，我不得不设法将我的实验室所贮存的镭，找一个安全的地方保藏起来。我受政府之令，将它们护送到波尔多。但我不愿意离开巴黎，于是决定把镭送到波尔多以后立即返回。我乘坐的是运载政府工作人员及其行李的专用列车，一路之上，从列车窗口可以看见公路上种种混乱之状，鱼贯的汽车运载着他们的主人急切地逃离巴黎，到外地避难。

当天晚上我就到了波尔多，因为我携带的是装有被铅皮保护的镭的箱子，它非常重，我根本提不动，所以只好在公共场所等待接应我的人。后来，与我同车的一位政府职员见没人来接应我，就帮我把箱子搬到一个私人家庭中，还为我腾出一间小屋让我度过那个夜晚。旅馆早已客满，根本住不进去。第二天早晨，我找到一个可靠的地方，在把镭妥善藏好，又办了许多烦琐的存放手续后，立即乘一军用火车返回巴黎。在波尔多，我曾有机会与一些人交谈，他们都急切地想从巴黎来的人的口中打听确切可靠的消息。当他们得知我在这种时期还要返回巴黎，其惊诧和由此而显示出的宽慰之状，实在让我感到非常有趣。

在返回巴黎的旅途中，列车经常停下来，有时阻塞于途中达数小时之久，让我饱受焦虑之苦。同车的军人多半带有干粮，而我没有做这种准备，他们在我饥饿时分给我少许面包，聊以充饥。当我最终回到巴黎时，听说德国军队已经转移了进攻方向，马恩河战役已经打响。

在这次大战期间，我和巴黎居民一样，时而为胜利有望而欢欣喜悦，时而又觉得凶多吉少而忧虑不止。我最担心的是，如果德国军队占领了巴黎，那我将与我的两个女儿久久离别。虽然有种种忧虑，我仍然决定忠于职守，不离开巴黎。当马恩河战役以法国胜利而结束时，巴黎被占领的危机终于彻底解除。于是，我就让两个女儿由布列塔尼返回巴黎，并继续上学读书。有许多家庭认为住在远离前线的乡间比较安全，并不急于返回巴黎，但我的两个女儿却不顾一切地回到了我的身边，其原因是她们极不愿意与我分开，而且不愿意中断学习。

在国家处于严重危急之时，每个国人应尽各人之所能，帮助国家。政府对于大学中的教职人员并没有下达任何指令，但他们各人都根据自己的能力采取了积极主动的行动。我也努力根据自己的专长，利用自己的学识，设法最大限度地为国家做一些有益的工作。

1914年8月，战局变化极快，从中也显示出法国没有做好充分的防御准备工作。尤其是对于伤员的救护工作，非常缺乏有效的组织和管理，因此引起了舆论的极大不满。我对这一情况十分关注，而且我很快认识到救护工作很适合我做，于是迅速加入了这项工作。从那时起，直到战争结束，我的大部分时间和精力都投入到了这项工作之中。具体说来，我的工作就是为军事医院组织X射线检查和组建医疗队。除此之外，我还必须把我的实验室迁入镭研究所的新楼里，并尽可能地继续为学生讲课；同时还经常研究和考察与军事有关的种种问题。

人们都知道，X射线在内外科医生检查病伤时，能给以最佳的帮助。尤其是在战争时期，医生可以利用它检查弹片所在的确切部位，以便于开刀取出。而且，X射线还可以显示出骨骼和身体器官的损伤情况，医生因而可以了解内伤恢复的情况。在这次战争期间，X射线拯救过许多伤员的性命，缩短了他们恢复的时间，也使得许多人减轻了长期的痛苦和避免受终身残疾之苦。

在战争初期，军队所有医疗部门都没有X射线治疗的设施和技师，

居里夫人在战地的救护车"小居里"上

即使是民间医院里也很少有，只有几家大医院里有这种设施，但X射线技师人数也极少。战争爆发后，法国各地医院如雨后春笋般地建立起来，然而却都依旧没有X射线设备。

为了解决缺乏设施和技师这一个大难题，我首先把各实验室和储藏室所有的X射线设备集中到一起，在1914年8月和9月间建成了几个X射线医疗站，具体操作则由我训练的志愿者来承担。在马恩河战役中，这几个X射线医疗站起了很好的作用。但由于设备和人员均太少，不能满足巴黎整个地区医院的需要。后来，在红十字会的帮助下，我设计和装备了一辆流动X射线医疗车。它原来只是一辆普通敞篷汽车，我们把一台设备齐全的X射线放射设备和一台发电机固定在车厢里，利用汽车上的发动机带动发电机以供应X射线设备所需之电力。这种医疗车可以到处移动，只要有医院需要，我们可以驾车迅速赶到。对于紧急需要帮助的伤病员，这种车可以起到很有效的作用。因为各个医院都经常会有危急病例和重伤员，在这种情形下又不能把伤员转运他处，流动医疗车在这时就实在太有用处了。

正因为它起到了很好的作用，所以对这种车的需求量大大增加，而且需求紧迫万分。幸亏有一个名为"全国伤员救护会"的机构的帮助，加上他们办事效率很高，我提出的增加流动X射线医疗车的庞大计划，才得以尽快实现。我在法国与比利时之间的作战区，以及法国其他地区总共创建和改造了200多处的X射线医疗站，又装备了20辆流动X射线医疗车，以供军队之急需。这些车辆都是各界人士慷慨捐助的，还有些人捐赠了整套X射线放射设备。这些捐赠对救助负伤的士兵们起了很大的作用。

这些私人捐赠的设备、汽车，在战争开始的头两年起了特别重要的作用，因为当时军队的救护组织很少有X射线照射设备。卫生部见到这些私人捐赠的设备起了很大的作用，于是就开始自行大规模生产这种设备。不过，因为军队的需求量实在太大，所以卫生部和我们民间力量的合作仍然不可或缺，这种合作一直持续到战争结束，而且在战后还延续了几年。

如果我没有亲自到各医院和救护站视察，了解他们的需求，恐怕我也难于切实完成这项工作。由于红十字会的帮助，加上卫生部的批准，我得以到作战地带以及法国各地做过几次考察，还到北部作战地区和比利时军队驻区的救护站进行过考察。所到之处有亚眠、加来、敦克尔刻、弗尔内和波普林格，还有凡尔登、南锡、吕纳维尔、贝尔福、贡比涅和维莱科特雷。在这些远离前线的地方，救护站的工作常常极为紧张而人员又十分缺乏，于是我常常在各地救护站帮助他们工作。由于我在他们困难时给予过帮助，他们给我写过一些热忱的感谢信。这些信我一直珍藏在身边。

每次救护站外科医生请求我给予帮助时，我就开着留着自用的装有X射线照射设备的汽车，前往救护站。除了为伤员做检查以外，我还顺带了解该地区特别急需什么帮助，然后我返回巴黎，设法弄到所需之物品。由于作战地区救护站的工作人员大多不会使用X射线照射设备，我会挑选合适的人选，给予详细的指导，示范设备使用的方法。经过几

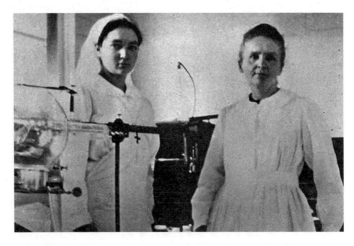

居里夫人和长女伊伦娜在救护车上，17岁的伊伦娜已经是居里夫人的得力助手

天的示范，被选的人学会了如何操作，而伤员们也在示范中完成了必要的检查。通过这样的指导，这些救护站的外科医生也就充分明白了X射线检验的好处（最初知道这种好处的人很少），我与他们的关系也由此变得十分亲切友好，以后再来工作就方便多了。

有几次开车到外地救护站时，我的大女儿伊伦娜陪我一同去。她那时已经17岁，高中毕业了，正在巴黎大学读书。她积极参加战时各种义务工作，以报效祖国。她学习看护知识和技术，还学习X射线拍片技术，尽力在各种不同的情形下帮助我。她曾到过弗尔内与迈勒斯之间的地区和亚眠前线参加救护工作。她的工作很有成效，为此她曾得到奖状，战后她还得到过奖章。

战争时期的救护工作，给我和我长女留下了永远难以忘怀的记忆。开车到各救护站，旅途上会遇到各种意想不到的艰难。我们经常不能确知能不能继续往前开，更不知道到哪儿能找到吃的和住处。不过，由于我们有坚定的信心，再加上运气也常伴随我们，所以各种难题也总是得

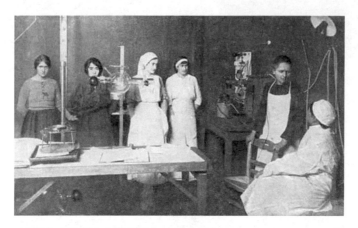

居里夫人培训妇女学员操作 X 射线设备

以圆满解决。无论到了什么地方，事无巨细我都亲力亲为，如与军官们谈判，请他们签发通行证和运输执照；还要找工人们帮助我们将仪器设备装上车，确信它们被运走而不会滞留在车站，耽搁数天的时间；等它们运到了目的地，我又亲自到堆积如山的货物中把它们提走。

当我开着有 X 射线放射设备的车上路时，还有许多问题会随之出现。例如我得为汽车找一个安全停放的地方，替助手们寻找吃住的地方，有时还得为汽车配置各种零件。由于当时司机不多，而我又学会了开车，所以在必要时就由我自己开车，这样还可以由我亲自处理一些事故，由我装备的仪器设备也因此可以迅速运达目的地，这些事如果由卫生部门来处理，肯定会耽搁时间，导致误事。所以军事长官对我的服务十分赞许，对我处理紧急情况的能力尤为嘉奖。

我和我的女儿们只要一回想起到各医院时的情景，一种愉快、感激之情就会油然而生。我们和各医院、各救护站的医生和护士们相处极为融洽。那里的妇女们都不怕辛劳，都有牺牲一切的大公无私的精神，我的女儿们对她们钦佩之极，并常以她们的精神鞭策自己去克服一切艰难。正是因为有共同的追求，所以我们不仅相处得像朋友一样，而且能够彼此相助，顺利完成一切任务。

当我们为比利时救护队服务时，比利时阿尔伯特国王和伊丽莎白王后不时来视察工作，因此我被他们亲自接见过几次。国王和王后的热忱、诚恳，对伤员的关切爱护，亲切、和蔼的态度，给我们留下了极深刻的印象。

最令我们感动的是当我们看护照料伤员时，伤员们表现出的那种忍受痛苦的力量和坚毅不屈的精神。我们对他们既同情又感佩，在为他们做 X 射线照射检查时，都尽一切可能不让他们遭受更多的痛苦。有时因为挪动他们的身体而引起疼痛，他们都会尽力忍受，从不显露怨气。相处一段时间，彼此熟悉以后，我们便通过简单的交谈来表达我们的慰问之意。没有经过这种检查的伤员也很想知道 X 射线检查的作用和对人的影响，我们就为他们细作解释。

在战时，我们目睹了种种摧残人类健康的悲惨恐怖的场面，我将永远无法忘却，这使我极度厌恶战争。我在那几年所见到的无数次可怕场面中的任何一次，就足以让人对战争感到厌恶。当救护车开到前线时，被抬进车里的人血肉模糊、沾满泥土，真是惨不忍睹，令人痛心入骨。伤势比较重的伤员，奄奄一息、命若游丝，即便是伤势不致命的人，也得忍受经年累月的痛苦，才能慢慢地恢复健康。

当时让我最为头疼的一件事是寻找一个训练有素的助手，帮助我使用 X 射线照射的仪器。由于当时 X 射线照相技术还是很少见的新鲜事物，所以懂得这方面知识的人还很少。而这种仪器设备在外行人手里使用，很容易被损坏，用不了多久就会成为一堆废物。在战争时期，多数医院中，操作 X 射线照射仪器并不需要多少医学知识，凡能识字而且灵巧，且略知一点电机知识就可以了。如果是大学教授、工程师或大学生，稍加训练就可以成为合格的操作人员；但在战争时期，我只能聘用那些暂时免服兵役的人，或者那些正好在我需要工作的地点长住的人，作为我的助手；即使找到了这样的助手，但说不定哪一天他们就被军队征用入伍，于是我又不得不再找人补缺。由于有这些种种的不方便，后来我改弦易辙，培养妇女作为我的助手。

我向卫生部建议，在当时成立不久的伊迪斯-卡维尔医院下属的护士学校里增加一个 X 射线照相科。这一建议得到了批准，1916 年，由镭研究所负责组织并开始培训该科学员。在整个战争期间，共培训了 150 名妇女。在她们进入培训队时，大都只有初等教育的水准，但只要她们努力学习，都可以以好的成绩毕业。她们学习的课程，除了基础理论和一般实习训练外，还有一些解剖学知识。从这儿毕业出去的妇女，后来都成为优秀的 X 射线照相技师，得到卫生部多次称赞。按她们学习的课程来说，她们只能成为医士的助手，但其中有些人完全有独立工作的能力。

在战争时期从事 X 射线照相检查的工作，使我获得了不少的经验，并且使我在这门医疗检验的新技术方面积累了丰富的知识。我认为这些知识应该公布于众，于是我写了一本小册子，名为《放射学与战争》，其目的是说明并证实 X 射线照相技术对于医疗实践的重大价值，并将它在战争时期获得的发展与和平时期的用途做了详细的比较和说明。

下面我来谈一谈在战争时期镭治疗的作用，以及镭研究所创办时的情形。

1915 年，保存在波尔多的镭又被运回巴黎。因为我已经没有空暇时间做正式的科学研究，于是决定把镭用于治疗伤员。当然，我们的治疗要以不使这宝贵物质用完的条件为度。我们使用的也不是镭本身，而是镭的射气。当我们把这种射气收集到一定的量后，就交给医疗单位使用。实施镭射气治疗术，多在较大的医院内进行，其方法多种多样，比直接用镭元素治疗要方便实用得多。但是在法国还没有国家开办的镭疗养院，而各医院也没有镭射气可供使用。

我向卫生部建议，由镭研究所提供装有镭射气的玻璃管，按时供给各医疗单位使用。这一建议获得批准后，镭射气服务事业即于 1916 年创立，一直延续到战争结束。那时我没有助手，所有镭射气玻璃管都由我亲自制备，制备的程序极为精细。伤员和平民百姓用这种方法治疗而获痊愈的不胜其数。

当巴黎被轰炸时，卫生部十分重视保护制备这些镭射气玻璃管的实验室，以防止被炸弹击中。在制备这些镭射气玻璃管时，要与镭打交道，这有一定的危险，所以还要设法保护制取人，以防止其受射线的危害（我有几次感到不舒服，就是因为不小心受到了射线的照射）。

医疗救护工作虽然是战争时期我的主要工作，但除此之外我还做过其他一些事情。

1918年夏季，德国的总攻失败以后，我接受意大利政府的邀请，到意大利考察他们放射性矿藏的拥有量。我在意大利逗留了一个月，得到了满意的结果，由此引起了意大利当局对这个问题的密切关注。

1915年，我的实验室搬进了皮埃尔·居里路的新楼里，这次搬迁，由于经费和人力的缺乏，极为艰苦繁难。我开着有X射线照相设备的车往返新楼和旧居之间，把实验仪器一点一点地搬进新楼。搬进新楼以后，我又得把这些仪器设备分门别类，重新布置。能帮助我的人只有我的大女儿和技师，而技师又不幸地总在生病。

镭研究所的新楼

从搬迁一开始，我就在实验室周围有限的空地上种树。我一直认为，在春夏之际，若能经常看到窗外翠绿的树叶，会使在实验室工作的人员感到心境舒适而宁静。我尽力将所有的空地种上菩提树、枫树，还开辟出几处花圃，种上玫瑰。我至今还记得德国人用大炮轰击巴黎的第一天，那天我到花市买了花，后来在花圃忙于种植之时，忽然有几发炮弹落到附近的地带。

尽管我先后遇到了很多严重的困难，但新实验室终于渐渐安顿就绪。到战后军队士兵开始复员时，我们的实验室也基本上准备完毕，所以在1919年到1920年开学时，我们就可以让学生入学了。这使我感到十分满意。1919年春季，我曾在实验室为美国军人开办了一个特别培训班，我的女儿对培训班学生进行学习指导，这些军人也非常积极认真地投入到学习之中。

战争时期对于我来说，和其他许多人一样是平生最辛苦劳累的时期，我从没有休过假，只是偶尔在探视两个休假的女儿时，才休息一两天。我的大女儿伊伦娜，她几乎不愿意休息；有时为了保证她的健康，我只好逼迫她休息几天。当时她一面在巴黎大学学习，一面帮助我做各种服务于战争的工作；二女儿艾芙当时还在读高中。巴黎遭受轰炸时，她们两人都不愿离开巴黎躲到乡下去。

这4年多的战争，造成了空前的毁灭性破坏，实在是一次人类浩劫。1918年秋，在经过各方面为恢复和平而付出的极大的努力之后，休战和谈终于实现了。然而直到今日，真正的和平仍未普遍彻底实现。当残酷可怕的战争最终结束时，法国人民终于松了一口气，得到解脱，但战争时期所造成的种种可怕的毁坏，不可能一下子消除；人们的生活仍极为艰辛，往日宁静欢快之心情，更是一时难以恢复。

以无数生命为代价换来的胜利中，有一个胜利让我感到极大的欣慰，那就是我的祖国波兰在经历了敌人几百年的压迫奴役之后，终于得以自由和独立。这件我不敢梦想的事，竟在有生之年亲眼看到，实在太让我高兴了！波兰人民在长期奴役和压迫下，始终能忠于波兰的民族精神,坚持斗争,在整个欧洲经历了恶风暴雨的洗礼后终于获得独立自由,这是波兰人民的胜利和光荣。波兰人民几百年来的最珍贵的梦想,终于实现。在这欢庆的时刻,我又回到了阔别多年的华沙,见到分别多年的家人。华沙已经成为新成立的波兰共和国的首府,但是,经历了长期的压迫和奴役之后,重建一个共和国将会遇到多少困难啊!别的先不论,仅仅是各种政治力量的重新组合就会引发许多意料不到的严重问题。

在法国,许多地方都成了废墟,国民也伤损过半。战争留下的困难一时难以消除,只有逐步恢复,渐次走入常轨。各个实验室,包括我们的镭研究所在内,情况大都如此。

战争时期所建立的各种 X 射线医疗组织,有一部分在战后还存在,如 X 射线医疗护士学校,由于卫生部的请求而被保留下来。镭射气的供应工作也没有中断,而且还扩大了供应的规模,但这件工作在战后已经转由巴斯德实验室主任雷嘉德博士来负责,后来这一业务发展成了全国性的大型镭疗事业。

在战后,由于职员和学生陆续回归,我的实验室经过重新组合后,研究工作也逐步恢复起来。但因为国家财政比较紧张,想谋求理想的进展并不容易。对于我来说,我感到十分迫切的是应该建立一个独立的镭疗(在法国叫居里疗法)医院,在巴黎市区之外还应该建立一个实验分所,便于对大量的原矿进行实验分析,以增进人类对于放射性元素的认识。

随着年龄的增长,我的精力也大不如前。我常常私下思考谋划,虽然政府已经开始给予资助,也常有一些私人捐赠,但我不知道我能不能为后辈建立一个镭学研究院,一来了却皮埃尔·居里的遗愿,二来达到为人类谋福利的目的。

非常幸运的是,在1921年,我得到了非常珍贵的帮助。美国一位慷慨的女性麦隆内夫人,在美国发动全国妇女捐款,建立了一个"玛丽·居里基金",她们用这笔基金买了1克镭送给我,作为科学研究之

巴黎镭研究院里陈列着居里夫妇使用过的器具

用。麦隆内夫人还邀请我和我的两个女儿前往美国游历，使我能亲自接受这项礼物和证书，她还请美国总统在白宫亲手把它们交到我的手上。

这笔捐款是向美国公众公开募集，志愿捐赠人捐赠多少由他们自己决定。美国妇女对我的深情厚谊，实在让我感动不已。5月初，在巴黎歌剧院参加了为我们母女三人举行的美国之行欢送会后，我们就乘船前往纽约。

在美国，我逗留了几个星期，其情其景至今仍历历在目。在白宫举行的欢迎会上，哈定总统做了十分感人、热情洋溢、亲切诚挚的演讲。之后在我参观各大学和学院时，我又数度受到热烈的欢迎，还有不少院校授予我名誉学位，使我备受感动。在公众举行的欢迎会上，不少人与我握手致贺，所有这些情谊我都会永远铭记在心。

我还抽空参观了尼亚加拉瀑布和大峡谷，大自然的这些鬼斧神工般的奇迹实在让人感到伟大得不可思议。

不幸的是我的身体欠佳，不允许我完成全部的预定计划，但我在这次旅行参观中确实长了见识，学到了许多东西。我的两个女儿在这次难得的机会中不仅享受了盛情的招待，也同样增加了学识；尤其是见到她们母亲的研究受到尊重和赞赏，她们也颇感自豪。

麦隆内夫人

6月底，我们要启程返回欧洲。在与难以忘怀的好友麦隆内夫人和其他友人分别之时，由于不知能否再次见面，所以彼此难舍难分，倍感凄怆。

返回研究所以后，由于有了新获赠的1克镭，不仅研究工作便利得多，而且友谊给我们带来了更大的勇气和更坚定的决心。但是，我们还是常常因缺乏经济资助而无法完成预期的重要目标。每当我感到经济拮据而无法继续研究时，我就会考虑一个很根本的问题：一个科学家对自己的发现到底应该采取什么样的态度。

皮埃尔和我，一贯拒绝从自己的发现中谋取任何物质上的利益。基于这种认识，我们毫无保留地将提取镭的方法迅即公布于世。我们既没有申请专利，也没有对因此而牟利的工业家提出任何权益上的要求。提炼制取镭的方法，十分复杂，镭工业之所以能够如此迅速地发展，全在于我们迅速公布了这种复杂、精细的提炼方法。即使到现在，制镭工业中所遵循的方法、程序，都是我们原来制定的。现在在提炼过程中所采用的矿物处置和部分结晶的程序，都是我们以前在实验中采用的方法，只不过现在的仪器设备比以前有了改进。

皮埃尔和我提取炼制的镭，全部赠送给了我们的实验室。

建在巴黎的第一家生产镭的工厂

由于矿物中所含的镭数量极少,所以镭的价格非常昂贵,加上若干疾病可以用它治疗,镭制造业获利也因此非常巨大。我们自动放弃从发现中所获得的利益,等于放弃了大量财富,否则在我们去世后,我们的后代就将拥有这笔财富。这些我们倒考虑得很少,但有些朋友的意见是值得考虑的。他们理直气壮地对我说:"如果你们保留应该得到的利益,那么你们早就有足够的财力创建一所设备齐全的镭研究所,而不会处于目前的困境之中。"的确,这种种困难至今仍然常常使我无法顺利地进行研究,但我仍然坚信皮埃尔和我的决定和行为是完全合理的。

人类的确需要注重自己实际利益的人，他们努力工作，谋取自身的利益，而且与人类的普遍利益不相违背。但是，人类也不可缺少具有理想主义的人，他们追求大公无私的崇高境界，毫无自私自利之心，无暇顾及自身的物质利益。这些理想主义者因为无意追求物质享受，因此也没有物质享受的可能。但是我觉得，一个组织完善的社会应该为这些人的研究经费和个人生活提供可靠的保障，以便让他们无忧无虑、百无牵挂地从事科学研究。

## 4/美国之行

▶ ▶ ▶ ------------------------

我在美国的愉快旅程，在第三章已经简单提到过。这次旅行是美国的麦隆内夫人主动提出来的。麦隆内夫人是著名刊物《写真》（*Delineator*）的总编辑，她号召美国妇女捐款并买了1克镭赠给我。几个月后，募集就大功告成。于是她邀请我到美国去，亲自接受这项赠品。

这项赠品的意义就在于它是美国妇女界赠送的。她们组成一个募捐委员会，其委员为美国妇女界的名流和有声望的科学家。在募集了几笔大的捐款后，再号召广大妇女们捐款。这一号召得到了许多妇女团体的响应，各大学和各俱乐部尤其热烈地响应了这一号召。在捐赠者中有一些人是镭治疗的受益者。由于参加者十分踊跃，"玛丽·居里基金"很快就募集成功，金额达10万多美元。用这笔巨款购买的1克镭由美国总统哈定在白宫的赠送仪式上亲手交给了我。

这个委员会又邀请我们母女三人在5月中旬到美国去。虽然不在假期，但巴黎大学破例允许我接受邀请。

旅程中的一切，邀请方都考虑得十分周到，完全不用我过问。麦隆内夫人亲自到法国来陪伴我乘船到美国。当法国刊物《我什么都知道》（*Je Sais Tout*）于4月28日为巴黎镭研究所全体人员举行庆贺大会时，麦隆内夫人也参加了会议。在大会上，主持人对美国妇女界的深情厚谊

居里夫人访美

表示了衷心的感谢和赞誉。5月4日,我们一行人在瑟堡乘"奥林匹克号"轮船前往纽约。

委员会为我预定的行程以及出席捐赠仪式等等活动,多得让我感到恐惧。他们说,我不仅仅要出席白宫的仪式,还要参加几个城市的大学和学院举行的仪式,他们还将在仪式上赠给我许多荣誉,其中许多是募款的捐赠单位。美国人生气勃勃,干事雷厉风行,连举行的仪式都规模很大。另外,美国国土辽阔,他们已经习惯于长途旅行,所以他们对我不习惯如此长途的旅行似乎没有任何感觉。不过,在所有的旅行中他们对我们都照料得十分仔细,尽可能减轻我在旅途中和欢迎会上不可避免的劳累。美国人给了我热忱的欢迎,而我也由此结交了一些真挚的朋友,我真不知如何感谢他们的友好情谊。

轮船抵达纽约港时，我们看到了那雄伟壮观的码头。大批学生、女童子军和波兰代表团站在码头上欢迎我们的到来。我接受的鲜花简直是不计其数。登岸后我们被送到城中一个清静的住处休息。第二天，卡内基夫人在她那宏丽的寓所里设宴欢迎我。在宴会上我认识了募捐委员会中的一些人。卡内基夫人寓所里的一些房间里，陈列着她的丈夫安德鲁·卡内基先生的一些遗物。卡内基的慈善事业，在法国也很有名气。第三天开始，我们到史密斯女子学院和瓦萨女子学院进行了几天的访问，从纽约乘车到那儿要坐数小时的火车。此后我们还参观了布莱恩·莫尔和韦尔斯利等女子学院以及其他一些学校。

这些女子学院和大学，最能表现美国人的生活和他们的文化。由于参观的时间太短，只能走马观花地看一下，因此还不能对他们的教育做出确切的评价。但通过短暂的观察，也足可以体验到美国人和法国人对女子教育在观念上的主要不同之处，而其中有两点让我特别关注：一是美国人对学生的健康和体育课非常重视；二是美国学生有充分的自由发展自己的个性和发表独立的见解，学生组织的社团都能充分得到发展。这两点在法国都没有受到重视。

各个大学的建筑十分壮观，分布也很和谐，一般都是在一片空旷的场地上建立一些教学大楼，而各大楼之间是茂密的树林和美丽的草地。例如史密斯女子学院就建立在一条幽美小河的河岸上。学校所有的设施都令人舒适，并且特别清洁，合乎卫生标准；浴室里设施齐备，冷热水用起来方便自如；学生宿舍整齐清洁，有大厅可供公共聚会使用。体育运动方面有十分完备的组织，学生可以根据自己的爱好学习网球、棒球，或在体育馆里学习体操，或划船、游泳、骑马，都可随意选择。学校还设有医务管理组织，他们对学生的健康负责。美国的母亲们认为，大城市（例如纽约市）目前的环境不宜于女孩子的教育，而乡间宁静空旷，不仅有益于她们的健康，而且也为她们静心学习提供了好的环境。

每个学院里，年轻的女学生们组成学生会，学生会的委员由大家选举，学生会可以议定学生在学校内应该遵守的规则，并从事极为活跃的校外服务活动，例如自己编印一份刊物，排演戏剧在校内或校外演出。我对她们演出的戏剧题材很感兴趣。学生们的家庭出身很不相同，有的出身于富贵家庭，有的则必须依靠奖学金维持学习和生活，但学生会组织非常平民化，大家一律平等，不分贵贱。学院里也有少数外国籍学生，我曾见到过几个法国学生，她们告诉我，她们对学校的生活和教育十分满意。

学院课程都是四年制，学习期间有各种大小考试。学生完成学业毕业后，可以继续做研究，获得博士学位。美国的博士学位与法国的博士学位并不完全相同。各学院都有实验室，其中仪器设备都相当不错。

学院里年轻女学生们朝气蓬勃，给我留下了极深刻的印象。如果遇到欢迎会等庆祝活动，例如我到学院参观，女学生们总是热情积极地参与。在为我举行的几次欢迎活动中，虽然颇有点军事纪律化，但她们热忱欢迎的神态，自己编排的歌曲和演唱时兴奋的表现，以及每次我出现于欢迎活动时她们雀跃地越过草坪向我奔来的情景，真让我感动至深，永难忘却。

返回纽约、到华盛顿之前，有几个欢庆仪式正等待着我。化学学会有午宴，自然历史博物馆及冶金矿业学会有欢迎会，社会科学研究院有晚宴，还有由各女子学院、大学教职员和学生代表在卡内基大礼堂所举行的欢迎大会。在所有这些活动中，都有包括妇女界在内的各界名流，在会上热忱地发表演说，并赠予我各种荣誉和奖状。由于这些荣誉都包含可贵的友谊和情义，所以格外珍贵。不同国家和民族间的友谊，也是人们经常提起的话题，从来没有受到忽视。副总统柯立芝在演讲中，对法国人民和波兰人民在美国立国过程中所给予的种种帮助，表示了诚挚的谢意。他还指出，在第一次世界大战中，这种友谊得到了进一步的增进。

5月20日，在知识交流和社会认同的双重亲切气氛中，白宫为我举行了庄严的庆典活动。庆典活动十分简短，但非常感人。整个活动显示出一种民主作风。到会的人除哈定总统和他的夫人以外，还有国务院各部官员、大法院的法官、海陆空军的高级将领、各国使馆人员和华盛顿及外地的社会名流。庆典开始时，由法国大使朱塞昂先生进行了简单的开幕致辞，接着由麦隆内夫人代表美国妇女致辞，然后是哈定总统讲话。总统讲完了话，由我简短致辞表示感谢。接着，来宾排成一列队伍，鱼贯从我面前走过，并与我握手致意。最后，全体照相作为永久留念。上述所有活动，都在美丽肃穆的白宫举行。当时正好是5月一个春光明媚的下午，天晴气朗，绿草如茵，白宫矗立在广阔的草坪中间，在四周建筑物的环绕之下，它更显得晶莹皎白、美丽非凡。这次庆典仪式上，由这个伟大国家的最高元首代表他的国民对我表示赞誉，这对我是无上之光荣，我将永远不会忘却。

总统在演讲中再次表示了美国人民对法国和波兰的谢意。其内容与柯立芝副总统的意思大致相同，但哈定总统着重表示了谢意；再加上赠送镭这一活动的特殊性，这种情意就表现得更加淋漓尽致。

美国人慷慨大方、讲究义气，对于任何有益于民众福利的事情，总会立即表示赞赏。镭的发现在美国之所以能引起如此广泛的支持和赞助，不仅仅是因为它具有科学上的价值，也不仅仅因为它在医学上有重要的应用，更重要的是，镭在被发现之后，它的发现者不为自己谋一点私利，而是无偿地没有任何隐瞒地将其献给了全人类。美国朋友们对法国科学界这种崇高的精神，表示了他们真诚的敬意。

赠送给我的镭并没有被带到庆典会上，美国总统给我的只是一把金质小钥匙，用它可以打开装置镭的小箱子。

我在参加了华盛顿的主要庆典活动后，又在此逗留了几天，除了参加法国使馆、波兰使馆和美国国立博物馆的欢迎会以外，还参观了几个实验室。

离开华盛顿以后，我们先后访问了费城、匹兹堡、芝加哥、布法罗、波士顿和纽海文等地，瞻仰了大峡谷和尼亚加拉瀑布。在这次旅途中，我受几所大学的邀请，接受了他们赠送的名誉学位。这些大学是宾夕法尼亚大学、匹兹堡大学、芝加哥大学、西北大学、哥伦比亚大学、耶鲁大学、宾夕法尼亚女子医学院、史密斯女子学院、韦尔斯利女子学院，我十分感谢他们的好意。此外，哈佛大学也曾举行仪式欢迎我，我也应该表示感谢。

美国的大学在授予名誉学位时，都要举行很隆重的仪式。一般来说，这种仪式与每年的学生毕业典礼同时举行，受学位者也必须亲自出席，但有几所大学为我破例举行了仪式。在美国的大学，这种庆典活动比法国多得多，它们是重要的学生活动之一。每年一次的毕业典礼则更为庄重。每逢典礼举行之时，大学教师以及毕业学生都得穿学位袍、戴学位帽，列队在校园中游行，然后聚集于一处大礼堂中，由校长宣读获得学士、硕士和博士学位的名单；在宣读过程和接受文凭的过程中，常插入一些乐队的演奏。这一程序完毕，就由大学中的教职员，或校外请来的嘉宾做演讲，演讲的内容都与宣扬教育的理想以及为人类谋福利有关，有时中间也可以插入一些美国式的幽默。这种典礼非常感人，对于联络毕业生之间的感情可以起到重要作用。对美国的大学来说，这种仪式尤为重要，因为美国的大学都是依赖私人的捐款创办的。只是到了最近，各州才创办了州立大学。

在耶鲁大学时，我有幸代表巴黎大学，出席该校第14任校长安格尔的就职典礼；在麻省我出席了美国哲学学会和医师协会的会议活动；在芝加哥时，我参加了美国化学学会年会，在会上我做了关于镭的发现的演讲。在出席这些会议时，他们分别授予我斯科特奖章、富兰克林奖章和吉布斯奖章。

美国妇女联合会为我组织了一场欢迎会，这一会议受到了公众的广泛关注。前面我已谈到，纽约各大学的妇女在卡内基大礼堂举行过欢迎我的大会；在芝加哥，波兰妇女联合会也举行过同样的集会；在匹兹堡，各界妇女联合会在卡内基研究所开会欢迎我；在布法罗，加拿大大学的妇女组织招待了我，等等。以上所有欢迎会，都令我深切地感受到她们对我诚恳的情谊，而且她们都认为女性在未来科学和其他各种事业中会起越来越大的作用。我的感触是，美国妇女们的这种期望和要求，和男性的意见没有任何对立之处。就我所见所闻，男性一般来说对女性的这种期望都给予了充分的支持和鼓励。美国妇女界的社会活动，特别重视教育事业、卫生事业和增进劳工待遇等方面，而且也取得了长足的进步。除此之外，其他各项公益事业也都受到妇女界的重视和积极的资助。麦隆内夫人支持和资助我的计划能够顺利完成，且得到各阶层妇女的热烈赞助，就是一个极好的例子。

  在这次美国之行中，我最遗憾和惋惜的是，没有充分的时间参观各实验室和科学研究机构。在不多的几次参观中，每次我都感到极大的兴趣。所到之处，我都能看到美国人非常关注科学事业的发展，在实验室的设备上也力求完善。有的地方在兴建新的实验室，而旧的实验室也都配置有很新的仪器。各实验室宽敞明亮，不像法国的实验室那样狭窄和拥挤不堪。在美国，各实验室的经费多数来自私人的捐赠和各种不同的基金会。有一个完全依靠私人捐赠而建立的全国研究协会，它建立的主旨就是激励和发展科学研究，并在科学研究和工业生产之间建立联系和合作。

  我还参观了设在华盛顿的标准局，这是一个从事科学计量和有关研究的全国性重要机构。美国妇女界赠予我的镭，就放在几支玻璃管里，存放在这儿。局里的职员还友好地为这些镭进行了计量，并装置妥当，安全地送到我乘的轮船上。

  在华盛顿参观时，我曾参观一处新创建的实验室，用液态氢和液态氦来做低温研究。我十分荣幸地成为该实验室启用的揭幕人。

  我在一些实验室里参观时，还遇到一些非常著名的美国科学家，和他们相会时的交谈，是我旅程中最愉快的事件。

美国的镭疗医院不少，这种医院多半附设有实验室，专门提取镭气，并将其封存于玻璃管中以备医疗之用。这些医院存贮着不少的镭，医院的设备也很好，接受镭疗的病人很多。在参观了几家这种医院后，我不免想到在法国还没有一家国立医院有如此丰富之镭和优良的设备，因此镭疗在法国远不如美国之发达。对此我深感遗憾，也期望这种欠缺能尽快得到改善。

镭工业起始于法国，其高速的发展却在美国。这是因为美国有大量含镭铀矿（钒钾铀矿）作为供应①。在旅途中，我参观了美国最大的制镭工厂，给了我很深的感触。从事该事业的人员所拥有的创新精神，令我非常高兴。这家工厂保存有一些影片胶卷，其中记录了工人们在科罗拉多州辽阔的开矿工地上采矿和运矿的情形，还有从这些含镭量极微的矿石中提炼镭的过程。其提炼方法和程序，与我们在实验室中的做法一样，没有什么区别。

在我参观这些镭工厂和厂里附设的实验室时，工作人员对我表示了极大的尊敬，并盛情地接待了我。我在一家炼制新钍的工厂中参观时，他们还赠送了少许新钍给我；工厂主还表示，愿意在科学研究上给我以帮助。

要想全面描述美国之行的印象和感受，还必须简短地对美国的风土人情进行叙述。但要做到这一点实在有些困难，因为美国国土辽阔，各地风土人情有很大的不同，要想一一涉及，远非这本小书所能做到。如果只说大致上的印象，我可以这样说：美国的将来实在不可限量。雄伟壮丽的尼亚加拉大瀑布和光怪陆离的大峡谷都给我留下了不可忘却而又清晰的记忆。

6月28日，我在纽约登上两个月前乘坐的轮船返回法国。由于逗留的时间短暂，我无法对美国和美国人妄作评论。但所到之处的人们对我和我的两个女儿的盛情、隆重的招待，实在使我深受感动。招待我的

---

① 最近在比属刚果发现了一座铀矿，所以美国在安菲尔斯特建立了一家大型制镭工厂。

主人，都尽力使我有宾至如归之感。不少美国人对我说，他们在法国时也受到过同样亲切的招待，且处于极友好的氛围之中。当我回到法国时，除了对美国妇女赠送的珍贵礼品抱有感激之情外，还对两个伟大国家相互间的情谊感到分外的亲切。我相信，只要美法两国人民共同努力，就会为人类和平相处带来无限的希望。

皮埃尔·居里传

## 题记

▶ ▶ ▶ ----------------------

我们可以想象得到，镭一旦落到了坏人手中，它就会成为非常危险的东西。由此可能会产生这样的问题：知道了大自然的奥秘对人类是否有益？人类从新发现中得到的是益处，还是害处？诺贝尔的发明就是一个典型的事例。烈性炸药可以使人类创造奇迹，然而在那些把人民推向战争的罪魁祸首的手里，烈性炸药就成了可怕的破坏武器。我信仰诺贝尔的信念：人类从新发现中获得的更美好的东西，将肯定多于它所带来的危害。

——皮埃尔·居里的诺贝尔奖获奖演说，1905 年

# 前言

▶ ▶ ▶ ----------------------

对于由我来写皮埃尔·居里的传记,在开始的时候,我是颇有一些犹豫的。我宁愿让这一写作任务由皮埃尔幼时的好友或他的近亲来完成,因为他们对他的一生,从早年到婚后,都有十分详尽的了解。皮埃尔的哥哥雅克·居里是皮埃尔幼时的玩伴,两人的亲密关系非同一般,但是,自从雅克到蒙彼利尔大学任职以后,就远离皮埃尔了。因此雅克坚持认为,皮埃尔的传记理应由我来撰写;而且他还认为,除了我以外,再没有哪一个人能那么清楚地了解他的弟弟。他将他个人能够记住的一些事情,悉数告诉了我。他的叙述极为重要,我在写作时尽量采纳。此外,我还将皮埃尔告诉我的一些琐碎的小事,与友人告知的一些事情,有机地结合、补充,使我得以将以前不直接知道的事情和已知的事情,一起构筑成一幅完整的画面。除此之外,我还会将在我们的共同生活中皮埃尔留给我最深刻的印象全部忠诚地写出来。

可以肯定,我写的这本传记,既不全面,也不完美。我唯一的希望是我能给出一个真实的皮埃尔的形象,不会失真。这样,就可以将他永远保存在我们的记忆之中。我更希望那些敬爱皮埃尔的人读了这本书以后,能够重新记起他们敬爱他的那些原因。

玛丽·居里

# 1/居里家族·皮埃尔的幼年和求学之始

▶ ▶ ▶ ----------------------

皮埃尔·居里的父母,都是受过教育的知识分子。他们虽略有资产,足以过上小资产阶级的生活,但他们绝少涉足时髦社交场合。除了近亲和少数知己以外,他们很少和其他人交往。

居里的父亲欧仁·居里于1827年生在法国的米卢斯,他继承父业成为一名医生。居里家族原籍在阿尔萨斯,笃信基督教。欧仁对于他家族的历史知道得很少,与家族的人来往得也不多。欧仁的父亲虽然住在伦敦,但欧仁在巴黎接受自然科学和医学的教育,后来在巴黎博物馆实验室里工作,是格拉休耐先生的助教。

欧仁·居里医生的品格超群,凡认识他的人对此都有极深刻的印象。他身

皮埃尔的父亲欧仁·居里

材魁梧,面目清秀俊美,两眼碧蓝,炯炯有神,即使到了老年,也毫未减色。从他的目光中,可以看到一种孩童般天真烂漫的神情,让人觉得他不仅聪慧出众,而且和蔼可亲。

欧仁十分喜爱自然科学,有非同一般的智慧,兼有学者的风度。

他原来有从事科学研究的决心，但婚后得了两个儿子以后，生活负担太重，迫于生计他不得不开业行医。此后，他还是尽可能地做了一些实验和研究。当时结核病菌的性质还没有弄清楚，所以他对结核病的注射治疗做了详细的研究。他常常出门到野外采集动物、植物，以供自己实验之用。这种业余科学研究的兴趣，使他养成了一种嗜好旅行的习惯，再加之他热爱大自然，所以他常常表示宁愿在乡村度过一生。他终生没有放弃对科学研究的兴趣，并常常因为自己没有专心致志地进行科学研究而颇感遗憾。

就他的医生生涯来说，他确实十分平凡，毫不出众；但他对人的态度十分真挚，不分贫贱富贵，一律平等相待，这一点实在难能可贵。在1848年法国大革命时，他还是一个学生，就志愿到医院为伤员服务。共和国政府因为他"可钦佩的英勇行为"，授予他一枚奖章。那年的2月24日，他被流弹击中，颚部受伤。不久，霍乱流行，来势凶猛，不少人迅速丧生。巴黎市有一个地区事态严重，许多医务人员离开了这个地区，但他却留了下来，而且还临时设立医院，抢救受到传染的危重病人。巴黎公社时期，他住在维西塔生路，旁边就是街头堡垒，他就在他的住处开办了一家诊所，救治伤兵。但资产阶级的人却因为他为平民百姓提供服务和政治态度上的共和政见，多不愿请他治疗，因此他的医疗业务受到了很大的损失。后来，一家儿童保护机构聘请他担任医务监督，为了工作上方便，他迁到了巴黎的近郊，从此生活在乡村之中，这改善了他本人及其家庭的健康状况。

居里医生的政治观点十分鲜明。他的性情使他非常像一个理想主义者，对1848年法国大革命倡导的民主主义热忱拥护。他与当时的政治家亨利·布里松等人十分友好。由于他是一位自由思想家，反对宗教活动，因此他没有让他的两个儿子受洗礼，也没有让他们信仰任何宗教。

皮埃尔·居里的母亲克莱尔·德布雷是巴黎市近郊普提奥克斯的一位著名发明家的女儿，她的父亲和哥哥在染料和特种纸类制造上有不少的发明，在当时颇有声誉，是萨瓦省的世家。但在1848年法国大革命时，因商业萧条的影响，家庭破了产。居里医生家庭的经济状况本来就不太好，经过这些灾难，加之医疗事业的衰退，所以常常会受到经济拮据之苦。皮埃尔·居里的母亲虽然出生在富裕的家庭里，但遇到这些困难和窘境后，她并没有意志消沉，也从不自怨自艾，而是振奋精神、自力更生、

皮埃尔和他的母亲

刻苦自励、敬夫养子，所以他们的家庭虽屡陷困境却仍然和睦。

皮埃尔和他哥哥两人成长时的家境虽不富裕，但家庭气氛始终温馨欢悦。皮埃尔初次和我谈起他的父母时，曾说他们是"至善至美"的人，后来我发觉这话一点儿也不夸张。他的父亲虽然稍微严厉了一点，但总能保持清醒的头脑，终生积极奋发；他的大公无私，更是一般人难以做到的。他从来不干那些结党营私的事情。对待妻子，他恩爱有加；对待儿子，他和悦亲近。对凡是有求于他的人，他总是倾囊相助。皮埃尔的母亲，为人明辨是非，干事畅快利落，由于生育了两个孩子，身体不算太好，但她的活泼神态从没有任何改变。她善于管理她那简单的家庭，让家庭里总是充满了欢乐；对于客人，她总是盛情相待，绝无怠慢。

我与这个家庭的成员刚刚相识时，他们刚搬到巴黎附近的西奥镇沙布隆路的一间古老的小寓所里。那条路现在改名为皮埃尔·居里路。寓所四周的园子里栽满了树和花草，住屋半隐在树木绿荫之中，给人以舒适和休闲的感觉。居里医生就在西奥镇行医，有时也到镇外出诊。工作之余，他喜欢读书或赏花；每逢休假，他或者相约到邻家拜访，或者下棋玩门球以娱乐消遣。他的朋友亨利·布里松也偶尔到这宁静的寓所造访。在这种宁静、清幽、闲适及和谐的氛围中，人与

自然融为一体，不分彼此。

皮埃尔·居里于1859年诞生于居维叶路普朗泰公园对面的一间屋子里。当时他的父亲还在巴黎博物馆实验室里工作。他是居里医生的第二个儿子，他的哥哥雅克比他大3岁半。皮埃尔长大以后，童年时期只在他记忆中留下了模糊的印象，但在对我谈起巴黎公社的情形时，他却可以生动地描述当时发生的一切。当时街头堡垒的攻守战，就发生在离他家很近的地方。他的父亲那时在家中开业行医，他常常跟着他的哥哥去救护伤兵。

1883年，皮埃尔随父母一起搬到巴黎城外居住，从1883年到1892年，一直住在方登莱欧-罗丝，从1892年到1895年我们两人结婚，都住在西奥镇。

皮埃尔的童年和少年时期全是在家中度过的，没有进入公立小学或中学学习。开始是由他母亲负责他的教育，后来则由父亲和哥哥负责。他的哥哥雅克也没有按部就班地从中学毕业。皮埃尔的特点是喜欢沉湎于幻想之中，像他这样的人最不宜于在学校按指定的课程按部就班地学习。很多人因为他的这一特点而认为他反应迟钝，他自己也这么认为，还亲自对我这么说过。但我认为这种看法并不正确，我认为这是由于他从小就喜欢集中精神思考某一个问题，不得到一个正确的结论就决不放手罢休，以至到后来让他中途停止思考或转而思考另外的问题，以适应学校的教育方式，已经不可能了。习惯这种思考方式的学生，将来多有出息，这是常见的事。但在一般学校中，显然没有任何办法来教育这种特殊的学生。这种学生恐怕人数也不少，只是没有引起人们注意，所以乍一听到时，很多人可能还不相信。

皮埃尔没有成为公立中学的一名优秀学生，实在是他的一件幸事。他的父母也别具慧眼，能够体谅他的窘困，凡事不过于苛求，否则必然会对他的身心发展造成不良的影响。由于没有进过学校，皮埃尔的知识体系有些残缺和偏颇，但他的思维方式却因此没有受到课程中种种偏见的束缚和损害，这又给他带来许多好处。正因为如此，皮埃尔对他父母

皮埃尔的双眼澄澈明亮

的宽容理解的态度感激不已。他常常帮助父亲到乡村采集动植物标本，因而对大自然产生了浓厚的兴趣，常常一个人或与家人一起出门远行。他热爱大自然的心情，终生有增无减。

凡是在城市中出生、长大，并接受传统教育的学生，很少有机会与大自然密切接触。而这种接触对于皮埃尔身心的发育，有很大的影响。因为有父亲的指导，皮埃尔学会了如何观察事物，并学会如何从观察中得到正确的解释。他对巴黎市郊的动植物生长情况十分熟悉，对周边所有的树林、田野、溪流和池塘，以及一年四季各种不同的景物，他都可以如数家珍地对你一一指出。对于池塘沼泽之地，他尤其有兴趣，生活在其中的草木、青蛙、梭尾螺、蝾螈及蜻蜓等等，都会让他着迷。凡是他心中喜好之物，他都会竭力追根究底地弄清楚，决不罢休。如果需要对小动物详细观察，他会毫无畏惧地把它放在手掌上。我们结婚后，有一天出门散步，他想将一个田蛙放到我的手上，我有点害怕，他惊讶地说："这有什么可怕的呀？你没看见它是何等的美丽吗？"散步途中，他喜欢采集整束整束的香花野草，带回家插到瓶中。

在这种环境中，他在生物学方面的知识随年龄的增长而不断增加，与此同时，他逐渐加重了对数学知识的学习，文学和历史知识则靠广泛的阅读来补充，至于其他一些传统的知识则荒废了。他的父亲知识渊博，藏书丰富，法国和其他国家的书都有收藏，而且特别喜欢阅读。皮埃尔可能由于遗传上的原因，与他父亲一样，嗜书如命。

14岁时，在皮埃尔受教育的阶段，他遇到一件十分幸运的事情。为了让皮埃尔学习中学数学，他的父亲为他请了一位循循善诱的老师巴齐耶。这位老师十分赏识皮埃尔的长处，认为这孩子将来必有大的成就，因而特别关怀，根据他的特点因材施教。皮埃尔的拉丁文一向很差，在巴齐耶的帮助下也得到了很快的进步。皮埃尔还与老师的儿子艾伯特·巴齐耶成了好朋友。

巴齐耶的教育方法对皮埃尔的影响极为重要，因为他能根据皮埃尔之所长因材施教，并使皮埃尔认识到科学的价值和特征，从而自觉地学习。皮埃尔生来喜欢数学，他有丰富的几何思想和空间想象力。在巴齐耶的帮助下，他对学习的兴趣日益增长，进步极快。皮埃尔终生都铭记巴齐耶老师给他的教益。

皮埃尔曾经告诉我一个故事，通过这个故事我们可以看出他非常满意于不按学校制定的课程来学习的方式，因为这样他就可以在学习中自己从事一些研究。当他刚刚学习掌握了行列式理论时，他对此产生了浓厚的兴趣，他甚至自己设想出一个类似的概念，即三元立体行列式，他还想发现这种行列式的性质和用途。按他当时的年龄和知识水准，这种探讨已超出了他的知识范围。然而，这种勇敢的尝试至少说明他已萌发了发明创造的精神。

几年以后，当他开始探讨对称性问题的时候，他常常自己问自己："由于对称性无处不在，我们能否找到一个解决任何方程的普遍方法呢？"当时他没有学习过伽罗瓦的群论，这种理论可以解决他提出的问题。后来，当他知道对称现象在几何学的 5 次方程中可以得到应用时，他感到十分欣慰。

皮埃尔 16 岁时就获得了理学士学位，这都是他在数学和物理学方面取得了优秀成绩的缘故。至此，正规教育所造成的难关终于过去，此后他可以独立自主地追求他喜爱的任何科学知识，不再受到传统的束缚了。

## 2/青春梦想·第一项科研：发现压电效应

▶ ▶ ▶   ----------------------

皮埃尔在少年时期就开始学习高中的一些课程，以准备物理系的大学入学考试。他常常到巴黎大学文理学院听课和做实验，还时常帮助药学院的勒鲁教授准备物理学的授课，因此他可以借用教授的实验室。当时，他的哥哥雅克在里舍和荣福利斯两位教授手下当化学助教，所以皮埃尔可以经常在雅克的帮助下，逐步熟悉实验的方法。

18岁时，皮埃尔参加了物理系毕业考试，成绩合格。在考试之前，巴黎大学实验室主任德山和副主任穆顿就已经十分看重他。由于他们的赏识和推荐，他被聘为德山教授的助教，负责管理学生的物理实验，当时他才19岁。从此以后，他就利用业余时间开始科学实验的研究。

皮埃尔家里经济拮据，所以在19岁时就不得不接受助教的职务，没有机会继续深造，实在可惜。在工作之余，他还会自己做一些研究，因此也没有时间去旁听高等教学课程，所以也就不能再参加其他高级的考试。但失之东隅，收之桑榆，由于他在公立学校中任职，可以免服军役，因此皮埃尔没有到军队去服役。

这时的皮埃尔身材修长纤瘦，头发呈棕栗色，不爱讲话，言谈举止中显露出一丝腼腆，在清秀的面貌之下，他的内心充实而深沉。

从他们全家的合影中，人们都可以得到这种印象。在照片中，他右手撑着右额,似乎沉醉在幻想深思之中;尤其引人注意的是他那双澄澈明亮的大眼睛,似乎正在追逐他内心的梦幻一般。他的哥哥在他右边,发色棕黄,目光炯炯有神,透露出坚毅果敢。两人对照,看起来实在有趣。

皮埃尔一家:前排为父母亲,后排为哥哥雅克(左)和皮埃尔

他们兄弟二人，彼此相敬相爱，在实验室里他们共同探索大自然之奥秘，闲暇出门散步时两人常常携手同行，亲挚非同一般。他们和儿时的几个好友，如后来成为一名医生的表弟路易·德布雷，还有后来也成为一名医生的路易·沃蒂尔，以及后来成为一名邮电工程师的艾伯特·巴齐耶，终生都保持着亲切的友情。

皮埃尔常对我叙述那一时期他们在塞纳河畔的德拉维尔度假时的情景。他总是和雅克沿塞纳河畔远足，兴致来了，两人就跳进河里游一阵子，他们两人水性都很好，所以游得非常开心、痛快。有时他们一走就走一天。在他们年纪还很小的时候，他们就常在巴黎市郊远足，养成了徒步旅行的习惯。皮埃尔有时还喜欢一个人出门，这时他可以一个人单独思考问题，不受任何人打扰。每当他陷入沉思时，他就物我两忘，怡然自得，因此也常常忘了时间，一直走到疲倦得走不动了为止。这种习性，使得他对于所有物质上的艰苦都不在乎了。

1879年，他在日记[①]中叙述了乡村生活给他带来的积极影响：

啊，在这种清静孤寂的环境中，远离巴黎种种令人烦恼的琐事的缠绕，是何等美好呀！虽然白天我只身一人孤独无伴，夜间徘徊于森林之中，但我决不为此感到不适和怨悔。如果以后有机会，我一定要把当时的种种幻想一一细述。我还要将比埃弗尔峡谷的美景详细描摹出来。那儿处处是奇花异卉、绿植浓荫，一切清新芬芳。啤酒花一束束地排列成行，红花映红了一片片山地；还有那悬崖峭壁、奇石林立，真让我心荡神驰，忘了人间。明尼尔森林是我所见到的森林中最可爱的森林，让我尤不能忘怀。当你置身其中时，你会觉得自己似乎进了仙境。黄昏时，我常常会到这处森林中徘徊思索，到回家时，心

---

① 皮埃尔并没有写正式的日记，只是偶尔随兴致略记几笔，时断时续。现在只保留了残缺不全的几页日记。

中可以带回几十个新奇玄妙的想法。

由上段日记可以看出，皮埃尔之所以酷爱并盛赞乡村和森林，实在是因为那儿可以让他冷静地思考。在巴黎城中，日常生活中琐事太多，不容易使他专心致志地思考问题，这常常使他感到痛苦和不安。他已决心终生从事科学研究，并认为如果想找到一种令人满意的学说以解释自然现象，首先自己必须专心致志、全身心地融入大自然之中。但是常有这样的情形：当他正聚精会神地思考某一个问题的时候，总有一些琐碎无聊的事情打扰他，使他的思考无果而终。每遇到这种事情，他就会感到非常的失望。

他的日记中有一篇题为"千篇一律的一天"，在这篇日记里他将一天中所有琐碎无聊的事一一列举出来，以此说明他从早到晚根本没有时间做有益的事情。在日记结尾处，他叹息说："一天的光阴就这么虚度过去了，什么事也没有干成，这到底是什么原因呢？"还有一篇日记里，他引用维克多·雨果的《逍遥王》一书中的一句话为题，对这一问题又加以论述。题目是《小铃叮当，竟扰乱了意欲思考的大脑》。

我本来是一个弱者，如果要使我的思想不随风飘散，不因低微的声音而打乱，那么我的四周必须保持严格的宁静。假如这一点做不到，那我就必须像陀螺一样旋转，不断重复简单的动作，看起来在动，实则是动中之静，这样我也可以感觉不到外界的打扰。

如果正当我内心循着某一思路渐次深入时，忽然一件完全无关的小事闯入，例如一句话、一张纸、一次来访，我的思考就会被完全打断。如果没有这种干扰，我的思考就会自由自在地深入到事物的精髓之处，得出应得的结论。……我们的生活中当然少不了吃喝、游戏，少不了恋爱和其他一切美好甜蜜的事，但决不可沉溺声色而不能自拔。因为人生的崇高理想必须在我们可怜的大脑中居首要地位，决不可让其他东西泯灭了它。人生必须有一个理想，而且还必须随时督促自己以实现这一理想。

这种深刻精辟的见解以一种令人钦佩的方式表明了智力的最高表现所必需的条件。一个年仅20岁的年轻人就有了如此深刻的思想，实在让人吃惊。如果社会对于这一问题有深刻的认识，就一定会给予那些喜欢沉思的人以各种方便，让他们为人类开辟新的道路，那真是为人类造福了。

皮埃尔的深入思考，不但受到职务上和社会上的种种约束的干扰，而且也常常受到他广泛的兴趣的干扰，因为他常常会移情于文学和美术。他嗜书如命，毫不逊色于他的父亲，即使是一点趣味都没有的书他也可以趣味盎然地读下去。有人批评他读书过滥，而他回答说："我并不觉得这些书没有趣味。"同样，真理也多半是很乏味的，他也从不因此有不耐烦的情绪。他生性喜欢音乐和美术，常常参观美术展览和听音乐演奏会。在他的遗著当中，还有几首诗歌。

但这些雅兴，在他的心目中只占次要地位，他终生都把科学事业作为他最重要的事业。如果在科学思想方面没有真正的进展，他就会认为自己是一个不完美的人。每当这时，他就会感到忧闷，内心十分不安。

他在日记中曾写道：

我将成为一个什么样的人？我很少能控制、支配我所有的思想，总有相当一部分思想默默地消失。唉，可怜的灵魂，你竟然如此微弱而不能支配我的躯壳吗？我的思想，实在浅薄无力！虽然我应该绝对信仰我的想象力，以便把我从这可怜的境地拯救出去，但我的想象力恐怕也快枯竭了啊。

虽然他有时由于犹豫不决、意志不定而荒废了学业和时光，但年轻的皮埃尔总能在思想斗争中认清道路、勉励自己。在他当助教之时，他已经像其他科学家一样，决定从事有效的科学研究了。而这个年龄的人大多还没有完成学业呢。

他最初的研究工作是与德山教授合作完成的，即利用热电偶与金属丝栅来测定热波的波长。这种方法在当时是首创，之后这一测定方法被人们普遍采用。

此后，他与他的哥哥共同研究晶体。这时他的哥哥已经通过高级考试，在巴黎大学矿物学实验室做弗里德尔教授的助教。这两位年轻的物理学家经过一番努力，居然取得了伟大的发现，这就是以前人们还不知道的压电效应。所谓压电效应，就是沿晶体的对称轴线施以外力，晶体由于受到了拉伸或压缩而产生的电的极化作用。这一发现不是偶然的，他们两人对于结晶体的对称现象进行了长久的思考，因此事先就预料会有这种极化现象的存在。在研究刚开始时，他们在弗里德尔实验室中做实验。他们兄弟二人的实验技能完全超出了他们那个年龄所能有的水平，竟然将这一新现象的方方面面都进行了详尽无遗的观察。他们既确定了产生这一现象的晶体所必需的对称条件，又确定了这一新现象所遵循的异常简单的定量定律，还列举了几种晶体的压电常数的绝对数值。后来，其他国家的一些著名科学家如伦琴、昆特、福格特和里克等人，都曾沿着他们兄弟二人开辟的道路，对这一新现象做进一步的研究。

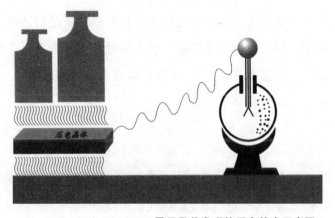

**居里兄弟发现的压电效应示意图**

这一研究的第二步是将压电晶体放进电场中，观察其产生收缩的现象。这一实验完成起来比较困难，这是因为产生的形变过于微小，很不容易观察到。幸运的是，这时德山和穆顿两位教授把他们实验室旁边的一个小实验室让给他们两人使用，使他们终于能够完成这一项精细的测量工作。这种收缩现象，李普曼曾经预言过它的存在，现在终于被居里兄弟二人用实验证实了。

居里兄弟发明的静电计

由于他们两人在研究上理论和实验并重，所以这一现象立即得到了实际上的应用。他们利用压电效应的原理，制造了一种新仪器，名为压电石英静电计，它可以用来精确地量度出数量极少的电荷和极微弱的电流。从那时开始，这种仪器在放射学实验中发挥了极大的效用。[①]

居里兄弟二人做压电效应的实验时，必须使用计量电量的仪器。当时通用的仪器是象限静电计，但在他们的实验中，这种静电计不大适用，于是他们自己发明了一种新式的静电计以解燃眉之需。这种新式计电器在法国被称为居里静电计。可以看出，他们兄弟二人的合作，不但非常快乐，而且颇见成效。他们除了手足情之外，还有共同的科学追求，两人可以相互切磋、相互鼓励和相互帮助。皮埃尔生性喜欢静默思考、钩深致远，而雅克则奋勇直前、处事果断，两人合作，取长补短，实在是珠联璧合也！

---

① 石英的压电性质近来又有一重要的应用。朗之万利用它造成高频弹性波动，在水中发射出去，可以试探潜水艇等障碍物。此法也可以广泛用于测量海洋的深度。由此例我们可以看到，纯理想的研究可以诱致新的发现，而新的发现又可以得到意料之外的实际应用。本例就是一个极好的例子。

可惜的是，他们的亲密合作只持续了几年。1883年，雅克到蒙彼利尔大学出任矿物学的讲师，而皮埃尔则被聘为巴黎市工业理化学校的实验室主任，从此兄弟二人日东月西，离别分散。皮埃尔任职的这所学校是由弗里德尔和舒岑贝热两人建议，后经巴黎市当局批准成立的，舒岑贝热为第一任校长。

皮埃尔和雅克关于晶体的奇妙研究，直到1895年才获得普朗特奖。这个奖确实来得太迟了。

## 3/理化学校实验室主任·对称性原理·磁学

▶ ▶ ▶ ----------------------

理化学校位于罗林学院的旧址，皮埃尔在这所学校里先是担任实验室主任，后来晋升为教授。他在这儿前后一共工作了22年，几乎度过了他整个科学事业的生涯。他每天从早到晚都在这些陈旧的房子里度过，直到傍晚才回到乡间他父母的家里。20多年的每日相处，使他对理化学校旧的建筑物产生了一种强烈的依恋之情，可惜现在它们都完全拆毁，没有了踪影。学校的创始人和第一任校长舒岑贝热对皮埃尔十分重视，另眼相待。学生们对皮埃尔也十分尊崇敬佩，其中有不少的人成为他的弟子或朋友，他常常以此感到幸运和自豪。后来，在他逝世之前，他在巴黎大学的一次演讲中提到了往事，他说：

> 回想起来，我所有的科学研究都是在巴黎理化学校中完成的。一切具有创造性的科学研究，受环境的影响最大，其中一部分结果常由这种影响来支配。我在理化学校工作了20多年，第一任校长舒岑贝热是一位声誉卓著的科学家。当我还是助教时，他就常给我提供从事科学研究的机会，至今我还感激不尽；后来，他又允许我夫人在我的实验室里做研究，这在当时可算是一件不同寻常的创举。
>
> 舒岑贝热最不同一般的特点是鼓励我们爱好科学事业，并

给我们中的任何一个人以最大的自由去从事科学研究。同时，理化学校的教授和毕业生之间有良好的关系，学生从中会受到一种深切的鼓舞，我本人也从中受益匪浅。所有与我合作研究的伙伴，都是这所学校的校友。今天我能借这个机会表达我内心的感激，实在感到欣慰。

皮埃尔初任实验室主任的职务时，他的年龄与学生的年龄差不多。由于他对学生的态度十分随和，所以学生们都很喜欢这位主任，彼此好像是志同道合的朋友一般。时至今日，常有当时的学生追忆在他的指导下学习和工作的情景，仍感激不尽。皮埃尔在讲台上讲课时，他很乐意让自己被引到科学问题的讨论上去，这对让学生获取知识和点燃热情都大有裨益。1903年，在理化学校毕业校友聚会上，他曾欢快地回忆从前的一段趣事。有一天，他和几个学生在实验室中忙得忘记了时间，结果门被锁了，他们出不去。没有办法，他们只好越过上层的一扇窗户，然后一个接一个地沿一根放水的铁管子滑到地面，这才出了实验室。

居里夫妇在这个实验室里发现了镭，书桌上还有皮埃尔的手稿

皮埃尔为人腼腆寡言，所以他轻易不与别人接近。但是，凡因为工作而和他接近的人，对他的和蔼、诚恳，都有深刻难忘的好印象。对待他的下属，他同样和蔼可亲。例如他实验室里的一位助手，在困苦艰难的时候常常得到皮埃尔的帮助，因此这位助手终生都对此铭感不忘。

皮埃尔和雅克兄弟二人后来虽然分开了，但他们仍然一直像往日那样相互信赖、亲密无间。每逢假期，雅克会回到巴黎相聚，这时他们又会像往日一样相互帮助、亲密合作；这时皮埃尔可以牺牲自己的一切闲暇时间陪伴他的哥哥，心甘情愿，毫不吝啬。有时皮埃尔也会去拜访雅克。有一次，皮埃尔到雅克那儿时，雅克正在测量绘制奥弗涅地区的地质图，于是他们两人一同外出进行必需的勘测，为地质图准备数据资料。

在我和皮埃尔结婚之前，他曾在写给我的一封信中描述了那次长途勘测的情形。信中写道：

> 我恰好在哥哥这儿小住，心中十分高兴，所有远虑近忧都被抛到脑后去了。我们与外界几乎整个隔绝了，根本无法收到信件或报纸，今天在这儿歇一夜，明天到哪儿借宿根本无法预期。有时我感到，我们又回到往日两人生活在一起的时候。我们两人对任何事物的看法总是十分一致，很少有分歧的时候，所以我们之间十分默契，几乎用不着语言的表述。考虑到我们两人的性格如此不同，这种默契和心有灵犀的情形的确是非常令人惊诧的。

从科学研究的角度出发，我们应该承认，皮埃尔受聘于理化学校，实际上妨碍了他的实验研究的进展。当他初到实验室上任时，实验室里几乎一无所有，一切的一切都得从头干起，甚至连墙壁的隔板都得由他来装置。他还得从头开始为实验室添置设备，将实验室的工作计划组织妥当。大大小小的事务，事必躬亲。皮埃尔凭借他特有的创造精神和要求精确的工作作风，指挥若定，终于完美地完成了这一任务。

在皮埃尔的实验室里学习、做研究的学生共有30人，都是由其他科系选拔进来的。当时，皮埃尔有一个助教，所以仅仅指导学生的实验课程这一件事，就足以让他心力交瘁；由此可知，开始的几年实在是皮埃尔最艰难的岁月，而受益的人则是在实验室受到这位年轻的实验室主任训练和启发的学生们。

由于他的科学实验被迫中断，他只好另辟新路，开始在科学知识方面进行深造。在数学方面他下了很大的苦功，也获得了不小的进步，与此同时，他还致力于结晶学与物理学之间关系的理论研究。

1884年，他发表了一篇论文，论述结晶的有序与重复问题，这实际上以晶体对称性研究为基础。同年他还发表过一篇内容相似的文章，但其讨论更加广泛而深入。1885年，他又一次发表论文，再次讨论对称与对称重复的问题。[①] 这一年他还发表了一篇很重要的理论研究文章，探讨了晶体的构成，以及各晶面的毛细常数。

这几篇研究论文的发表，充分显示了皮埃尔在晶体物理学方面的造诣。他在这方面的理论研究以及实验研究，实际上是在探讨一个非常普适的原理，即对称性原理。他在这方面做了多年的研究，逐渐积累了必要的资料，直到1893年至1895年间，他才在他发表的论文中，将这一原理正确而确切地表达出来。

这一原理现在已被公认是一普适的原理，其表述如下：

> 如果由于某种原因产生了某种结果，那么在原因中的对称元素就应该在所产生的结果中重现。
>
> 如果某种结果显示了某种不对称的现象，那么这种不对称

---

[①] 在这篇简短的论文中，皮埃尔首创一个理论，解释了晶体为什么同时在特定的方向上产生几个结晶面，也就是说解释了晶体何以有特定的形状。

性在产生这一结果的原因中就已经明显地显示出来。

这两种表述的逆论不成立,至少在实际发生的现象中不成立。换言之,结果可以比产生它的原因更有对称性。

这几条陈述,简洁完美、纤悉无遗。他所提出的对称元素最为重要,因为它与物理学中所有的现象都有联系。

皮埃尔将自然界所有的对称种类,都毫无遗漏地进行了研究。根据他的这一研究,我们可以利用几何学与物理学的启示,预测某一现象是否会重现,或者断定某一现象在给定的条件下绝对不会重现。在一篇论文的开头,他坚持认为:"我认为我们应该在物理学中引入晶体学家所熟悉常用的对称性思想。"

皮埃尔在这方面的研究属于基础性的研究,后来他因为其他研究而暂时将其搁置一旁,然而对于晶体物理学,他一直都有热切的兴趣,总是想继续研究下去。

皮埃尔热心研究过的对称性原理,在物理学中占有极重要的地位,是少数重要原理之一。开始它是在实验中被发现的,而后逐渐演变为一个普适而完整的原理。这一过程,有些类似能量守恒原理的演变、进化过程:热与功等值的观念首先补充了以前动能与位能等值的观念,而后进一步地发展为能量守恒的原理,在继续应用的过程中发现这一原理在自然界是普适的。这也如同化学中质量守恒这一基本原理的发现,它开始是从拉瓦锡的实验研究演变过来的,到最近又有了更新的进展,将这两个原理(能量守恒原理和质量守恒原理)合并,我们就可以得到一个更加普适的观念,即现在已经得到证实的物体的质量与其内能成正比。其他如李普曼在电学研究中发现的电荷守恒的普适定律,还有由热机研究而得出的卡诺原理,也具有普适的意义,现在可以利用这一原理预测所有物质系统自行演变时的大致过程。

对称原理的演变进展,与上述诸原理的进展情形十分类似。先是在观察自然现象时发现了自然界中的对称现象,动植物中显示出的对称性不十分完美，但矿物晶体中则显示了比较完美的对称性。对称平面和对称轴这两个概念，可以看作是自然界向人类显示的两个奥秘。我们常说一个物体有一对称平面（或反射平面），其意思就是说如果用这个平面将物体从中分为两半，则每一半都是另一半的镜像，就像照镜子一样。人的外表形象，以及某些动物之形象，大都具有这种对称性。如果将一个物体沿某一轴线旋转，转到一周的几分之一，这时物体恢复到原来的形状，则我们说这一物体有一个几阶的对称轴线。例如一个整齐的4瓣花朵，就有一个4阶对称轴线，或4阶轴线。又例如石盐和明矾晶体，它们则有多个对称平面和多个不同阶的对称轴线。

几何学告诉我们如何研究一定图形的对称元。例如一个多面体，为了寻找它各部分之间的关系，我们会将不同的对称元组合为一个群。对"群"这一概念的认识，对于晶体分类有极大的用途。我们可以根据晶体的形状将其划分成不同的系统，每一系统均由一简单的几何体演变而来。例如，正八面体和正立方体属于同一个系统，因为两者根据对称面和对称轴线所分成的各对称群，完全是一样的。

研究晶体的物理性质时，我们必须关注它们的对称性，因为晶体多半是各向异性的，也就是说，在晶体内部不同的方向有不同的性质。而玻璃与水等介质则不同，它们是各向同性的，也就是在这些介质中不同方向的性质是相同的。人们在研究光学时首先发现，光在晶体中的传播与晶体的对称性有关；接着又发现晶体的导热性、导电性、磁化和极化，也是如此。

皮埃尔在考察、控制这些现象的因果关系时，提出了对称性思想；此后他又对这种思想进行了进一步的扩展，认为介质之所以会产生各向异性，实质上正是对称性的原因，亦即此类介质具有特定的空间结构。如果我们想确定这种空间结构，不但需要注意介质的组织成分，还得注意当这介质受外界作用时的种种反应。例如一个正圆柱体，它有一个与它的中心轴线垂直的对称平面，还有无数个穿过中心轴线的对称平面。如果这个正圆柱体绕它的中心轴线旋转，则前一个对称面仍然存在，而属于后一种情形的无数对称面就全部消失了；如果加之有电流沿圆柱体纵向通过，那就没有任何对称面存在了。

每种现象中，都可以找到相应的对称素。某些对称素可与某些现象同时存在，但它并不一定是共存的必要条件；反之，某些对称素的不存在倒是必要的条件。实际上，正是非对称性创造了这种现象。假如在同一系统中有若干现象相叠加，其非对称性的情形也必然相加。（见《皮埃尔·居里文集》，127页）。

皮埃尔根据上述研究的结果，发表了关于对称性的普遍定律，其内容前面已经讲过。我们也知道这一定律的普遍性已达到很高的程度，故而它似乎已经十分完整，更进一步的工作是利用这一定律演绎出其他的推论。

为了便于推论，可以先确定每个现象各自独特的对称情形，然后将各主要的对称群分门别类。如质量、电荷、温度等的对称情形，属于标量一类，即圆球形对称；水流、单向电流等，均为矢量对称性的情形，属于极矢量一类；正圆柱体的对称情形，则属于张量一类。所有晶体物理学的研究，都可以用这种类似的方法归类。在这种方法中，我们不需要指定所讨论现象的具体情形，而只需考察它们的各物理量在几何和解析上的因果关系。

因此，在考察电场所产生的极化效应时，只需考察两个矢量之间的关系，列出一组含有 9 个系数的联立一次方程式。这一联立方程式中各系数的意义是，对它们进行一些修改后就可以用来表示导体中的电流与电场的关系，或热流与温度梯度的关系。同样，研究一个矢量与一个张量之间的普遍关系时，可以显示出压电现象的各种特性。还有，凡属于晶体弹性的诸多现象，均可以用两组张量之间的关系来决定。但这些张量，一般来说需要 36 个系数才能表述清楚。

以上简略的解释，说明了自然现象中所有的对称性在理论上都极为重要，其蕴含的意义深远。皮埃尔对此进行了清楚的表述。巴斯德也曾经用同样的观念来观察生命，他曾经说："宇宙在整体上是不对称的，由此我相信我们所见到的生命，必定会受到宇宙不对称作用的影响，或者说是不对称性产生的结果。"

皮埃尔在理化学校实验室的工作，经过一番努力终于走上了正轨，一切都安排得井井有条，组织形式也日趋完善。看来，他似乎可以实现他从事实验研究的梦想了，但是他所处的环境仍然十分不理想，没有一个专供他使用的实验室，也没有一间空屋可以由他随意使用，至于研究所需的经费，更是毫无着落。过了几年之后，由于校长舒岑贝热的帮助，实验室每年可以得到一小笔补助金；而且从此以后，他所需的实验设备，可从实验室的日常开支中，在可能的范围内设法报销，这也是校长的特别恩许。但能用以研究的实验室仍然没有，皮埃尔只好在学生的实验室空着没用的时候，把自己的实验设备布置其中，而通常他总是在楼梯下或实验室的走廊上工作，他用时多年的磁学研究就是在这种环境下完成的。

这种十分反常的情形，显然不利于他的研究，但也有有利的一面，那就是在这种情形下他与学生非常接近，他对科学的浓厚兴趣感染、熏陶了学生，这也许是不幸中之幸事。

皮埃尔重新做起实验研究，是从"直接称量最微小重量的精确天平"这一精深课题开始的（研究时间分别为1889年、1890年、1891年和1893年）。这种天平不用微小的砝码，而是将一测微计装在天平一臂的端点处，然后用显微镜读数。这种天平装有空气阻尼器，使天平两臂的摆动能迅速停止，摆动一旦停止就可以立即开始读数。这种天平比起旧式天平有很大的改进，尤其是称量迅速是其一大优点。因为在化学分析实验中称量的快慢是测量准确与否的基石，所以这种天平在化学分析实验室里成了不可或缺的宝贵仪器。我们可以说，皮埃尔发明的天平实际上开辟了天平制造业的新纪元。这种天平的发明，不全是由经验而得，而首先是对阻尼运动进行了一番理论研究，加之若干学生帮助绘制了一些曲线图表，从而证实了皮埃尔的推论而获得成功。

皮埃尔在用静电计做实验

在 1891 年前不久，皮埃尔开始研究物体的磁性与温度的关系，他研究的温度范围从日常温度起一直到摄氏 1400 度。这项研究历时数载，直到 1895 年才在巴黎大学的教授会上作为博士论文宣读。在这篇文章中，皮埃尔用非常简洁、准确的语言，表述了这一研究的目的和结果。他写道：

> 从磁性的观点看，物体可以分为两类，一为抗磁性物质，这类物体只有极微弱的磁性；另一种为顺磁性物质[①]。初看起来，这两者似乎完全不同。这项研究的目的就是想知道，在这两者之间是不是有一种过渡的情形，并且想知道能不能让某一物质顺序地经历这些各不相同的状态。为了确定这一点，我让许多物质处于极为不同的温度和磁场中，然后观察测量它们的磁性。
>
> 在我的实验中，我还没有能够证实抗磁性物质与顺磁性物质在性质上有任何关系，但实验的结果足以证实，磁性与抗磁性是由不同的原因所造成的；另一方面也证实，铁磁物质和弱磁化物质的性质有密切的关系。

实施这项实验研究还有不少困难，因为实验要求在一个温度达到 400 摄氏度左右的装置里，测量极微小的力（仅百分之几毫克的重量）。

皮埃尔的研究结果，在理论上极为重要。后来，他以这一理论为根据得到一个极为简明的"居里定律"。这一定律指出：物体的磁化系数与它的绝对温度成反比。这一定律可以与盖-吕萨克定律（理想气体的密度与其温度成反比）相提并论。1905 年，朗之万发表的著名的磁学理论就采纳了皮埃尔的这一定律，并从理论上再次证实抗磁性与顺磁性

---

[①] 顺磁性物质的磁化作用与铁相似，或为极强的磁化（铁磁化），或为较弱的磁化。抗磁性物体是指物体的磁化作用极其微弱，并且与铁在同样的磁场中的磁化极性相反。

两者有不同的起因。朗之万的研究，以及后来魏斯的重要研究，都足以证明皮埃尔所得到的结果极为精确。皮埃尔还认为磁化强度与流体密度相似，这一观点也十分重要。因为物质处于顺磁化的状态时，可以与气态相比较，而处于铁磁化状态时可与凝聚状态相比较。

在这一研究中，皮埃尔尽力探索那些尚未为人类知晓的现象，他认为这些未知现象并不是没有存在的可能。他想得到一个很强的抗磁性物质，想找到能传导磁性的物质，还想知道磁性能不能像电荷一样独立地存在，然而这些研究得到的都是否定的结果。皮埃尔没有发表这些研究。他之所以想研究这些希望渺茫的现象，实在是由于好奇心的驱使，完全不是为了发表论文；以他的习惯而言，他恐怕连这种（发表论文的）念头都未曾有过。

他对待科学研究，完全没有利己的打算，也从来没有想到将这些早年的研究结果汇集起来作为博士论文的资料。当他决定以精确独到的磁性研究为论文题材取得博士学位时，他已经35岁了。

在博士论文答辩时，皮埃尔在主考教授面前为自己的论文进行了精彩的辩论，其辩论的情形我还记得十分清晰。当时我们两人已经成了朋友，所以他邀我参加了他的论文答辩。当时主考的是邦蒂教授、李普曼教授和奥特弗耶教授。听众中有他的几个朋友。他的父亲也在听众中坐着，见到他的儿子终于成材，心中十分快慰。我记得，皮埃尔的解释简单、准确、明晰，几位教授都表示赞赏。当主考教授和这位博士候选人在讨论和对话时，人们似乎身处于一个物理学会的会场中。我十分感动，觉得那天发生在那间小教室中的一切，似乎在歌颂人类崇高的理想。

1883年到1895年，正是青年物理学家皮埃尔任职实验室主任的时期，这个时期他在学术上取得了迅速的进展，还同时做出了重要的贡献。在这十几年中，他把实验室组织成为一个崭新的教学机构，同时又连续发表了几篇理论研究的文章和几个实验研究的结果，它们都属于一流的科学研究；在此期间，他还制成一个极精确的仪器。在如此不完备的环境中和经济极为拮据的情形下，他仍能做出这么多的成绩，实在值得人们钦佩。这些成就充分证明他已经能够控制自己，克服少年时期怀疑犹豫的心态，知道如何训练和提高自己的研究能力，并利用他那非凡的智力取得最理想的成绩。

皮埃尔的声誉在法国和其他各国科学界中与日俱增。在一些学术团体，如物理学会、矿物学会、电工学会等学会的聚会中，常常可以见到他发表他的研究结果，并对各种科学问题发表自己的意见，人们也愿意聆听他的各种想法。

这时已经有许多国外的学者对皮埃尔的才干和成就表示赏识。英国著名的物理学家开尔文勋爵在一次会议上与皮埃尔讨论了某个科学问题之后，就对皮埃尔非常钦佩。有一次开尔文到巴黎来，恰逢法国物理学会召开会议，会议上皮埃尔提到带有保护环的标准电容器的用途和构造，皮埃尔主张用电池为保护环里的中央圆板充电，而保护环则与地连接，这样就可以将另一电板上感应的电荷作为计量之用。这种构造虽然使电力线的空间分布十分复杂，但其感应电荷却可以用静电学中的定理计算得出，其所用的公式，与普通电容器在均匀电场中时所用的公式同样的简单。而且，皮埃尔的方法可以使电容器的绝缘性能更好。开尔文一开始认为皮埃尔的意见、推论均不够妥当。第二天，他完全不在意自己的名声和年龄，竟然亲自到皮埃尔的实验室里拜访这位年轻的主任，与皮埃尔在黑板上书写计算，相互辩论、商榷。后来，他被皮埃尔说服，立即放弃自己的意见，并欣然承认皮埃尔的推论是正确的。[①]

尽管皮埃尔有了如此优秀的成就，但他竟然屈居实验室主任这样小的职务达 12 年之久，真令人感到惊讶。但仔细一想也并不奇怪，因为

---

① 下面是这位著名的科学家在访问巴黎时给皮埃尔的一封信，信中写道：
亲爱的居里先生：
非常感谢您星期六的来信，信中所说的内容我很有兴趣。如果明日上午 11 点我到实验室来拜访您，您该不会不在吧？我有两三件事想与您讨论一下，而且我还想看看您所画的在不同的温度下铁的磁化曲线图。

您真诚的开尔文，1983 年 10 月

没有那些有声誉的人为他捧场，所以他容易被人忽视，而他本人又讨厌玩弄各种手段以达到晋升的目的；他的一生光明磊落、严气正性，让他为自己的晋升去活动，那他是绝对做不出来的，所以他只能在这个低微的工作职位干下去。当时他的薪金大约为每月三百法郎，与一个体力劳动者的相差无几，仅仅能维持最简单的生活，有时还感到拮据，而在这种情形下他仍然继续着他的个人研究。

他对这件事颇有感慨，他曾说：

> 我听说有一位教授可能要辞职，如果真是这样，我将申请接替这个职位。但是，无论任何职位都得自己去申请和谋求，这是一件何等卑下与难堪的事啊。我实在无法习惯现行的这种制度，其伤风败俗、瞒心昧己之误，恐怕没有比这更甚的了。我对向你提起这件事实在是很抱歉，我以为一个人如果整天沉溺于这类事情，听人无事生非地嚼舌头，这对于他的身心健康实在有极大的害处。

皮埃尔不但讨厌钻营徇私，也不喜欢荣誉和奖励，而且对此类事情有他自己十分坚定的看法。他认为种种褒奖荣誉，不但没有什么好处，还会带来明显的害处。他认为，谋求荣誉和奖励的欲望，实际上是引起烦恼的根源，并且亵渎了纯粹为爱好而研究科学的目的，而这一目的被他认为是人类最高尚的情操。

他的道德观如此的真挚与高尚，所以他的行为能够与他的思想一致，从不犹豫寡断。舒岑贝热校长为了表示对皮埃尔的尊敬推崇，曾推荐皮埃尔接受法国一级教育勋章。虽然接受这一勋章会给他带来不少利益，但皮埃尔仍然婉言谢绝。他在给校长的信中这样写道：

> 听说您又一次推荐我获得这一勋章，我诚恳地请求您不要这么做。如果您真的为我申请到了这项荣誉，您将使我处于极

为难的境地，因为我已经决定不再接受任何荣誉。诚望校长先生理解我的心意，取消这项提议，以免将来使我成为众人的笑柄。如果您的目的在于表达对我的关怀，那么您以前使我能无忧无虑、了无牵挂地从事研究，就已经充分表达了您的关怀之心，为我求得虚誉，实在不能与这种关怀相提并论，我对此感激不尽。

皮埃尔从没有背叛过自己的坚决意志。1903年，政府曾想授予他"荣誉勋章"，也被他婉言谢绝。

虽然皮埃尔不肯自己出面为自己的晋升去活动，但在1895年他终于被提拔了。法兰西学院的著名物理学家马斯卡尔教授知道了皮埃尔的才干后，十分感动，加之又听到英国的开尔文对皮埃尔的赞誉，于是竭力向舒岑贝热校长建议，在理化学校里开设一个物理学课程，聘皮埃尔为教授，以这种形式来充分发挥他的才干。前面我们说到过，皮埃尔一直缺乏个人研究的必要设备，即使在被提拔为教授之后，这种情形仍然没有得到改善。

## 4/婚姻和家庭·个性和品格

▶ ▶ ▶  ----------------------

1894年春,我与皮埃尔初次相识。当时我侨居巴黎,在巴黎大学已经读了三年书,并且已经通过物理学高等考试,正在准备数学的高等考试。与此同时,我开始在李普曼教授的实验室中做研究。我认识的一位波兰籍的物理学家十分敬重皮埃尔·居里。有一天,他邀我和皮埃尔一起到他的家里去,与他们夫妇共进晚餐。

当我走进那位波兰籍教授的家中时,皮埃尔正好站在一个法兰西式窗口的凹处,这扇窗户向着阳台。这时他虽然已经有35岁,但看起来年轻而壮实。他脸上自然地流露出一种真诚、坦挚的神色,他落落大方、潇洒自然和超然脱俗的样子给我留下了深深的印象。他讲起话来缓慢深沉,态度率直,笑起来很动人,既庄重而又富有生气。同他谈话,能使人感受到一种令人鼓舞的信心。我们开始交谈后,很快就谈得十分投机。开始我们谈科学,我很高兴能听到他的各种观点;后来我们又谈到我们共同感兴趣的有关社会和人类的种种问题。两人的国籍虽然不同,但彼此的见解却惊人的相似,这真是奇怪的事情。实际上,这是因为我们两人的家庭有相同的道德观。

此后,我们常常在物理学会和大学实验室里相遇。后来,皮埃尔请求我允许他到我的住所造访。当时我住离大学不远处的一栋楼房的第六层,由于经济拮据,我只能租住那个简陋狭窄的房间。但我对此毫不在意，因为学习高深科学的夙愿得以实现，虽住陋室却怡然自得。当时我已经25岁了。

皮埃尔看到我的居住条件很差，对我的这种生活表示了恳切的同情。后来，他多次向我表白，他愿将他的一生完全献给科学研究，并且请求我能与他共同分享这种生活。然而对他的请求，我一时很难做出决定。如果一旦做出这种决定，那么我将与我的家庭和祖国分离，并抛弃我最珍视的各种服务于社会的计划。在被压迫的波兰，爱国的氛围非常浓厚，许多青年人都想为传承波兰的民族精神而努力奋斗，我也有这样的志愿。

因此，对于他的请求我不能给予肯定的回答。正好这时假期到了，我要离开巴黎回波兰我父亲的家里。在这分离的日子里，皮埃尔不断写信给我，彼此间的感情反而因离别而与日俱增。

1894年皮埃尔写给我的信，文采极佳，令人羡慕。每封信都不长，因为他习惯于直抒己见，但在每封信中他都以诚挚的情感向我叙说他的殷切之情，并期望他未来的终身伴侣能认识他的本心。我对他的遣词造句常常感到惊讶，他常常能够用两三行文字表述一种心情、一种境况，而且总是能以最简洁的方式指出事情的本质，给人留下难忘的印象，这是别人难以企及的。我曾深信，他如果能够发展这种天赋奇才，很可能成为一个大文学家。前面我曾零星地引用过他的信件，下面再引用一些。由这些信件可以看出他是如何殷切地希望我能成为他的妻子。

> 我们虽然没有许下结婚的诺言，但至少我们已经深情相爱，我想你一定还没有改变心意吧。口头上的允诺当然不具有约束力，因为这件事是不能有丝毫的勉强的。
>
> 如果我们真的能共同度过一生，沉醉于我们的梦想之中，比如，你的报效祖国的梦想，我们的为人类谋幸福的梦想，以及我们为科学而努力奋斗的梦想，这难道不是天下最美好的事吗？然而，我却不敢相信这些梦想能够真的实现。在以上说的

种种梦想中，我相信为科学而努力的梦想最合乎情理。我们实际上没有力量去变更社会的制度，即令我们有这种力量，我们也不知道怎样改造这个社会。因为，如果我们没有深远的认识，我们就永远不能确定我们的改造计划是不是弊大于利，甚至反过来会阻碍社会不可避免的自然演进。而科学领域则不同，在这一领域里一切显得比较明确和实在，我们有可能做出一些成绩来；即令研究的范围很狭窄，但至少可以肯定我们有能力解决这个范围里的问题。

所以我极力主张你在10月份重返巴黎，如果你今年不回到巴黎，那我就会感到毫无乐趣可言了。当然，我敦促你回来，决非只顾及我一人的私利，因为我确实相信在巴黎攻读对你比较合适，这样你可以完成比较实际且有用的工作。

从这封信中我们可以看出，皮埃尔对他的未来只认定了一条路，即把自己的一生献给科学，而且希望有一个伴侣能与他共担这一梦想。他多次对我说，他到36岁还没有结婚，其原因是他不敢相信有符合他的这一绝对条件的姻缘存在。

在他22岁时，他在日记上这样写道：

同男性比较起来，女性更喜欢为生活而生活。有天才的女性实在太少见。当我们被一种神秘的爱好所驱使，决定采取一种与一般人不同的生活方式时，或者当我们全神贯注、专心致志地思考自然的奥秘时，我们常常会因此与环境和社会相隔绝，这时我们常常斗不过女人，几乎永远会败在她们手下，因为她们常常会借生活和常规之名，使我们退缩而不能奋进。

从这些书信中我们可以看出，皮埃尔在对科学的信仰以及信任科学具有帮助人类的巨大威力等方面，有坚定不移的信念。以前巴斯德曾说过一句表白自己心意的名言，用到皮埃尔身上实在再合适也不过了，这句名言是："我深信科学和和平一定会战胜愚昧和战争。"

正是因为有这种科学甚于一切的信念，所以皮埃尔从不在政治场合中活动。因为教育和信念的影响，他支持民主主义和社会主义，但他又决不受任何党派之见的束缚。对于应尽的职责，他像他的父亲一样，克尽厥职，尽力而为。凡企图以暴力达到目的的事，无论是为公益事业还是私事，他都一律反对。

皮埃尔曾在一封给我的信中写道：

> 假设有一个人想用他的头去撞一堵石墙，想以此把墙撞倒，这能达到目的吗？这种设想也许是由一个极美好的愿望而产生的，但如果真的要这样去做，岂不是愚蠢可笑吗？我认为，对于一些问题，应该有一般的、通常的解决办法，而不能用某种独特的办法去解决；另外，缺乏事先认真考虑的行为，常常会坏事。我认为在今日的世界上，并没有什么公道与正义存在。只有那些最强有力的制度，或者由经验制定的最完善的制度，才能继续维系存在下去。我们经常可以看到，有些人工作得精疲力竭，却不能得到最起码的生活保障，缺衣少食，艰难度日。想起这些事就会让我们感到愤怒，然而，现行的制度并不会因为存在这种不公平的现象而消失。这种现象也许会逐渐减少，因为人也像是一种机器，不能过分劳作；从经济利益上考虑，只有每台机器都在正常状态下运行，才是最有益的方针策略。

皮埃尔在审视自己的内心生活时，就像他观察普通事物时一样，认为必须先有一个清晰的认识。他一贯认为，最重要的事是忠于自己真实的意愿，并尊重别人的想法。要想两者都能顾及，就必须权衡轻重，退让迁就。皮埃尔虽然能够尽量迁就，将矛盾减少到最低限度，但也不能完全避免矛盾出现，因此也常常会感到苦恼。

他在一封信里写道：

> 我们都是感情的奴隶，是我们心爱的人的偏见的奴隶。此外，我们还得谋生，所以不得不成为整个社会这台机械中的一个小轮子。如果我们要想在社会中生存，就不得不迁就社会中存在的偏见和私见，这实在是人生最痛苦的事情。至于迁就的程度，则决定于我们意志的强弱。如果迁就、退让的程度不够，将势必被社会所毁灭；如果迁就、退让过度，则又会感觉自己懦弱、卑贱。我今天所坚持的意见，比起十年前已相差很远。当时我确信，凡事都应该持一种极端的态度，对于周围的环境不应当做任何让步。我曾经相信，每个人虽然应当尽力张扬自己的长处，但也不妨显示出自己的短处。

这就是皮埃尔的人生信条。根据这些信条，一贫如洗的他竟然想与同样一贫如洗的我共同生活，度过此生。

假期结束后，我又回到了巴黎。我们之间的友谊更加亲密，彼此都认为除了对方之外再也找不到更合适的伴侣了。于是我们决定结婚，婚礼于1895年7月中旬举行。我们决定采取最简单的结婚仪式，即不采取有宗教形式的仪式，因为皮埃尔不信仰任何宗教，我本人也没有信仰过宗教。皮埃尔的父母，对我表示了诚挚亲切的欢迎。我的父亲和姐妹都来参加了婚礼，他们和我将进入的家庭的成员相识后，都感到非常高兴和欣慰。

我们组织的家庭，在一开始可以说是简单得不能再简单了。我们在离理化学校不远的格拉西尔路租了一个有三个房间的寓所。这个寓所最让我们满意的是它位于一个大花园的对面，我们随时可以看到满园的花卉。室内陈设的家具都是旧的。我们没有经济能力雇用佣人，所以家中一切事情都由我来做，与我当学生时的生活，似乎没有多大区别。

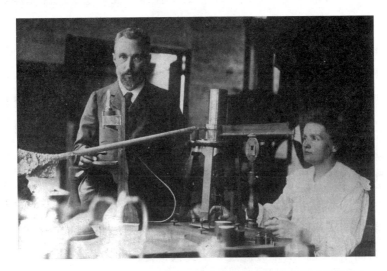

在简陋的实验室里,居里夫妇坚持不懈地工作

皮埃尔的薪金为每年六千法郎。我们都认为他不能再兼任其他职务,至少开始的时候不能有兼职。我准备通过青年妇女职业会的考试,希望能得到一个教学的职位。1896年我通过了考试。我们生活的一切安排,都以适应我们的科学研究为准,所以我们终日在实验室里工作。当时舒岑贝热校长已经允许我在皮埃尔的实验室里工作。

这时皮埃尔正在从事晶体生长的研究,而且兴趣极浓。他想知道,晶体在某些方面有特殊的发育和生长,其主要原因是生长的速度不同,还是溶解度不同。他很快就得到一个有趣的结论(没有公布),但后来由于转向放射学的研究,这项研究就中止了,他后来还常常因为没有对它继续研究深表遗憾。我那时则正忙于研究淬火钢的磁化作用。

皮埃尔对于上课的课前准备,非常认真。他所担任的课程是新开设的,并没有特定的讲授范围。最初他将他的讲授分为两部分:晶体学和电学。后来他觉得，对于未来的工程师来说，电学理论课程实在用处极大，因此就专门讲授这门课程。他把这门课列为正式课程，分为120讲。在当时，他的这门课程在巴黎可算得上是最完整和最赶得上时代的。为了讲好这门课，他花费了相当大的精力和心血，这是我每天都亲眼看到的。他对各种现象的解释务求明晰简练，对各种理论和观念的演变，务求让学生得到一个完整的印象。后来，他常常想把他的讲义增订修改成一本正式出版的书，但由于他事情太多，这一计划总是一年一年地往后拖，终于未能实现，这实在是一件可惜的事。

　　实验室里的研究，备课和考试，都是我们非常乐于干的事情。由于我们两人兴趣几乎完全一致，所以生活过得非常简单朴实。在11年的时间里，我们从未分离过，因此彼此之间也没有信件往来。到休假的时候，我们就在巴黎近郊散步，或者骑自行车闲游。有时我们也到山区爬山，或者到海滨看海和游泳。然而皮埃尔太迷恋科学了，想让他在一个没有科学研究设备的地方多待一些时日，那是绝不可能的事。只要在某个地方闲待了几天，他就会叹息着说："我觉得已经有好久没有干任何事情了。"所以，他对于只有3天左右的旅游还比较喜欢。如果我能陪他出去散步，他便会非常高兴，对他来说，其乐趣与往日他和他哥哥结伴出门散步时一样。即使到了有名胜美景的地方，他也不可能让他的思想离开他迷恋的科学问题。不过，我们也游历了不少的地方，如塞文山区、奥弗涅山区、法国海滨和各处的大森林。

　　在旷野中时，触目所及都是美不胜收的景色，这在我的脑海中留下了深刻的印象，使我常常回忆。最使我无法忘却的是，在一个风和日丽的日子里，我们经过长久的跋涉后，在非常疲劳的情形下登上了奥布拉克高原。高原上的景色与其他地方迥然不同，碧绿无垠的草原，清新而沁人心脾的空气，真让人感到爽快极了。还有一个晚上，我们在特鲁埃尔峡谷中漫步，忽然有一小舟顺着溪流往下移动，船上传来一阵熟悉的歌声，船越走越远，歌声亦慢慢消逝。这真是令人陶醉的仙境呀！这时我们已经没有了时间的概念，直到次日晨曦初露，我们才兴尽而归。在归途中，我们在某一个村子里遇见一辆马车，那些拉车的马见了我们骑的自行车，突然受惊狂奔，我们急忙骑着车离开马路穿过耕田，过了许久才又回到马路上来。这天夜晚，我们全身心沉浸在似幻似真的朦胧月光之中。偶尔经过农家，牛栏中正睡觉的牛醒来，睁大它们那硕大而温驯的双眼，注视着我们两人，似乎对我们表示猜疑。

贡比涅森林，叶绿荫浓，一望无垠；在春天，长春花、野葵等竞相开放，色彩缤纷，香味扑鼻，真让我们心旷神怡、兴会淋漓。更受皮埃尔喜爱的是枫丹白露森林，洛英河畔绿草如茵，到处都是黄色的金凤花。布利坦滨海的石岸，被金雀花和石南花覆盖，草木蓊郁，一条铺砌的路直达芬尼斯太尔的海角，在那儿，水中潜伏着怪牙利爪状的岩石，狂怒的海水汹涌冲击着海岸，实在是别有一番意趣。

小女儿出生以后，我们就不能再出门远游了，只能选一个确定的地点度假。一般我们总选在一个孤远偏僻的乡村，在那儿与村人一起过着简单的生活，没有人知道我们是干什么的。我记得有一个美国的新闻记者，有一天在鲍度村找到了我们，他感到十分迷惘，几乎不敢相信他亲眼所见。当时我恰好因为鞋子里进了沙，正坐在石头上脱鞋，以便把沙弄出去。一开始，这个记者觉得十分尴尬，不过很快就适应了环境。他坐在我的身边，抽出记事的小抄本，记录我回答的内容。

皮埃尔父母与我之间感情甚笃，我们也常常到西奥镇去拜访两位老人。皮埃尔婚前住的房间，永远为我们空在那儿，我们回去后随时可以住进去。他的哥哥雅克和他的家庭（有两个儿子）与我们也很亲密。后来，我一直把雅克当作我的亲哥哥看待，他永远都是我的兄长。

我们的大女儿伊伦娜生于1897年9月。她生下来没几天，皮埃尔的母亲就去世了。此后皮埃尔的父亲就搬到我们家与我们共同生活。当时我们住在蒙梭里公园附近的克勒曼大街108号，它离巴黎旧的要塞不远，住屋的前面有一个花园。皮埃尔一直住在这儿，直到去世。

居里夫妇的休憩时刻

因为要抚育二女儿,我不得不在家务琐事上花费很多时间,这给我们的研究工作带来了相当大的困难。幸亏居里医生非常喜欢他的小孙女,常常自愿地看管她,这实在是一大幸事。由于家庭人口增加,家庭费用当然也得增加,加之后来又雇用了一个佣人,所以我们不得不想法子增加收入,但有两年的时间,我们的收入一直保持原样,没有变动。这一时期,正值我们专心致志地研究放射性的时候。到1900年,经济情况稍微有了一点好转,但我们在研究的时间上则受到很大的损失。

我们放弃了一切正式的社会应酬,皮埃尔对这类事情有一种难以抑制的厌恶。他终生都讨厌进行没有任何意义的拜访,也从不参加没有任何特定目的的聚会。他生性严肃庄穆，宁愿一个人沉思遐想，也不愿意与别人无聊地闲谈。但他对于从小交的朋友十分珍惜，与有共同科学兴趣的朋友则一直保持往来。

他的科学界的朋友中，与他最要好的是里昂理学院的 E. 古伊，他们从同在巴黎大学当助教时就开始了两人之间的友谊，以后则从未中断科学上的联系。每逢古伊到巴黎短期逗留的时候，两人便相聚在一起，欢悦无比，整天谈论科学，从不分离。现任赛福尔国际度量衡标准局局长的纪尧姆也是皮埃尔终生的好朋友，他们两人常常在物理学会里相遇，星期天偶尔在赛福尔或西奥镇相会。还有几个比他小的年轻人，也常与皮埃尔来往，这几个年轻人也像皮埃尔一样，从事物理化学最前沿方面的研究。其中德比尔纳是皮埃尔最亲密的朋友，他还是我们放射性研究的合作者。其他还有萨尼雅克，是 X 射线研究的合作者；朗之万，后来是法兰西学院的教授；J. 佩兰，现为巴黎大学的物理化学教授；乌尔班，理化学校的学生，后来成了巴黎大学的教授。这些好友中，经常有一两个到克勒曼大街我们幽静的家中造访，大家纵谈现在的或将来的实验，讨论新观念与新学说，对于现代物理学新近惊人的发展，常常激动和叹服不已。

我们很少在家里举行多人的聚会，皮埃尔认为没有这种必要；与一两个人交谈，会使谈话变得轻松、愉快和深入。所以，除了学会的聚会以外，我们很少参加人数众多的聚会。偶尔参加大会时，如果讨论的内容不能引起他的兴趣，他就会一个人坐到清静的角落里独自思考，完全置身于会议之外。

我们与各自家族的来往也十分有限。皮埃尔的亲戚本来就不多，而我的亲戚又多远在异国他乡。我的亲戚偶尔于假期来巴黎游玩，皮埃尔对他们都十分亲切。

1899 年，皮埃尔随我一起到奥属波兰的喀尔巴阡山旅游。我有一个姐姐是学医学的，嫁给了德鲁斯基医生，他们在喀卡巴阡山开了一个大型疗养院。皮埃尔从来不爱学习外国语，但因为他总是希望熟悉我喜欢的事物，这时竟然自愿地学起波兰语来了。我从来没有建议他学习波兰语，因为这对他实在没有什么用处，但他对我的祖国具有深切的同情心，并且确信波兰必定有自由独立的一天。

在我们的共同生活中，我逐渐了解了皮埃尔的本性，并且能深入了解他的种种想法，而这也正是他所希望的。皮埃尔的优点，远远超出了我们结婚时我的想象。他卓越不凡的才能，使我对他的敬慕钦佩与日俱增。他似乎生活在一个普通人难以企及的层次上。普通人所具有的虚荣心、庸俗卑鄙的行为，即使那些具有高尚理想的人有时也难以避免，但皮埃尔都能排斥拒绝。

皮埃尔的魅力就在于此。凡与他相处久了的人，都绝对不可能感受不到这种魅力。他那沉思的神态、真诚的容貌，再加之和蔼、温柔的性格，使得他具有强大的魅力。他常常说，他从来没有与人争斗的欲望和想法。这是千真万确的，无论什么人都很难与他发生争执，因为他从来不发脾气。他常笑着说："发怒不是我的特长。"所以，他的朋友虽然不多，但绝对没有仇敌。这是因为他从来不中伤任何人，即使怠慢他人的事都少见。但与此同时，任何人都不能强迫他背离他的既定方针和行为准则。他的父亲常常开玩笑地说皮埃尔是一个"温和的固执者"。

皮埃尔在表达见解时，常常采取直截了当的方式。他认为这是最容易而又最佳的表达方法，如果运用外交手段，则他觉得未免过分幼稚。正因为他有这种习惯，所以他曾经以憨直而著称。实际上他这样行事，都是在深思熟虑之后才决定的，并不是生性如此。由于他能仔细观察、认真审视，并且善于悠游于内心世界之中，所以他对于别人的思想、意志和打算，常能洞若观火、眼明心亮。有时他可能会忽略一些细枝末节，但有关事情的关键，他却绝不会被人糊弄而受欺骗。通常情形下，他总是保留自己的判断而不对他人说出，一旦要说，他就一点也不隐瞒地全部说出，他认为只有这样才对彼此有益。

在科学界与他人交往时，他从来没有使用过尖刻严厉的语言，而且也从来不被荣誉和情感支配。所有成功的实验都会使他感到喜悦，即使这一研究结果他早已经知道了，就算还没有发表，他也会十分欣慰。这时他会淡淡地说："我没有发表这个研究结果，而由他人先发表了，这又有什么不同呢？"他认为在科学事业中，当以事为最紧要的前提，不要涉及个人。争胜和嫉妒，都是他坚决反对的；高等考试的分数，一切荣誉奖励，都不在他的考虑之列。对于那些热爱科学事业的人，他会不惜一切地鼓励、启发和帮助，其中有几个人至今还对他感激不已。

皮埃尔为人处世的态度虽然已经达到了人类文明的顶峰，但从他的日常行为来看，他又是一个非常随意祥和、不设城府的人。在他的意识里，人们命运与共，彼此之间就是应该相互关怀的，所以他对人非常宽厚，时刻关切他人，对于那些陷于困境的人，无不尽他的力量给予帮助，即使耗费了他最珍贵的时间也在所不惜。他所有的慷慨助人的行为，从来都不露痕迹，受惠人常常不知道接受了他的帮助。对于钱财，他认为其唯一的用处是为自己提供简朴的生活，除此之外就是在别人困难时给予帮助，以及满足自己所喜爱的研究的需要。

他对他所珍爱的人的真情以及对朋友的诚挚，我真是不知道怎样才能描述得贴切。皮埃尔很少与人交朋友，一旦真的成了朋友，那就极其真挚，因为这种友谊是建立在共同的信仰和共同的见解之上的。他对他的哥哥雅克的情谊，以及对我的爱情，真诚完美到极致，再没有比这更感人的了。这种情和爱，是不容易得到的。为了得到这种情和爱，他不惜放弃自己沉思的喜好，而与雅克和我交谈，以此取得和谐和信赖。能得到这种温情和关怀，实在是莫大的幸福；能在这种温柔的氛围中生活，是多么美妙和甜蜜啊！但是，一旦拥有这种温情而又遽而失去，则又显得分外的残酷。下面我引用他的一段话以表明他对我的爱情。

我思念你，你充满了我的生命，我常常期望你能给我以新生的力量。我觉得我已经将我的思想全部集中到了你的身上。

我心中出现了你的倩影，你的一举一动我仿佛都能看见；我还想让你知道，此时我整个的人都已经属于你了。可惜你的倩影并没有出现在我的眼前。

我们两人的身体都不是特别健壮，在十分艰难的环境下，我们的体力恐怕不能坚持太久。这一点我们两人都十分清楚。一般说来，两人共同生活而且知道这种共同生活有宝贵的价值，就总会害怕无可挽回的悲剧会随时发生。一旦永别，那将是何等可怕和让人无法忍受的事。每逢我言及于此，他就会凭借他的勇气说出一个不容置疑的结论。他对我说：

> 无论发生了什么变故，即使我们中的一个人成了一个没有灵魂的躯壳，剩下的那一个人也仍然应该不懈地努力工作下去。

## 5/梦想实现·发现镭

前面我已经说过,在1897年,皮埃尔正在从事晶体生长的研究。我本人在暑假开始时,也完成了淬火钢的磁化研究,并因此获得了国家工业奖励协会少量的补助金。9月份,我们的大女儿伊伦娜出生。待身体复原后,我又回到实验室做研究,准备博士论文。

1896年,贝克勒尔发现了一个令人惊讶的现象,引起了人们广泛的重视。由于伦琴发现了X射线,这一发现激发了许多人的想象力,有几位物理学家猜测:荧光物质在阳光的照射下,也许能够发射出与X射线相似的射线。贝克勒尔也这么想,为了证实这一想法,他开始研究铀盐。出乎他的意料,他发现了另外一个迥然不同的新现象,即铀盐可以自发地发射出一种奇特的射线。这就是放射性现象的发现。

贝克勒尔的奇特发现大致如下所述:将铀盐放在用黑纸严实地包裹起来的照相底片上,然后在暗处放置几天,结果底片上显出一个影像,与在阳光照射铀盐的情况下所得到的影像相似。显然,这种显影是铀放出的射线穿过黑纸而形成的。这种铀射线还可以使验电器放电,这是因为它与X射线一样,可以将验电器周围的空气变成导电体。

贝克勒尔还证实,铀盐的这种特性并不受被放在暗处的时间的长短的影响,即使把这种铀盐放在黑暗中几个月,其放射性的特性仍然存在,并不会因此而发生变化。人们对这一现象会进一步追问:尽管放射出的能量很小，但它却不断由铀盐辐射出来，这种能量究竟是从哪儿来的呢？

这一现象引起了我们的兴趣。尤其重要的是，由于这一现象太新奇，还没有人研究它，所以我更觉得值得研究。考虑再三，我决定开始对它进行研究。

为了进行这一实验研究，首先必须要找一个合适的研究地点。在皮埃尔的请求之下，理化学校的校长准允我们使用地下室里的一间带玻璃窗的小屋。这间小屋以前是储藏室和机械修理间。

对贝克勒尔所得的结果，如果想做进一步的研究，就必须采用精确的定量测量。而最适于计量的现象，则是铀盐辐射的射线在空气中产生的传导性。这种现象称为电离，在 X 射线中也有这种现象。X 射线的各种特性，也正是由测定电离现象而得到的。

铀盐辐射的射线经过空气中时，使空气电离，由此而产生的电流极其微弱，计量起来十分困难。但如果利用居里兄弟发明的仪器，则很容易就能测出来。其方法是利用电离引起的微小电流所含的电量，在一极灵敏的静电计中，与一压电石英结晶所得到的电量相平衡，这样就可以计量出极微小的电流。这样，我们需要的设备就必须有一个居里静电计，一块压电石英晶体以及一个电离室。电离室由一个平板电容器构成，其一板与静电计相连，另一板涂有一层薄薄的需要计量的物质，并加上一定量的电压。利用这种设备在地下室这种潮湿狭小的地方进行实验，实在不是十分理想，但我们别无选择。

我的实验结果证实，铀盐的放射性是可以准确测量的，而且这种放射性是铀元素的原子特性之一，其放射性的强度只与化合物中所含的铀的数量成正比，不受化合物的化学性质或外界因素如光或热的影响。

我详细审查了当时已知的所有元素（测纯元素，或者是测含某些元素的化合物），想发现是否还有其他元素也具有相同的放射性性质。在所有的物质中，我发现只有钍的化合物能放射与铀相类似的射线。钍的放射性强度与铀可以列在同一个等级上，而它的放射性也是钍元素的原子特性。

研究进行到了这一地步，我们就必须拟定一个新的名称，以表述铀和钍等物质所显示的新性质。我建议用"放射性"来表述这种性质，现在这一名称已得到普遍的采用。具有放射性的元素，就被称为放射性元素。

在研究过程中，我不但考察了一些简单的化合物如各种盐和氧化物，而且还考察了一些矿物。我发现有几种含有铀和钍的矿物也有放射性，但它们的放射性似乎有些反常，因为其放射性强度比纯铀或纯钍所具有的放射性还要强得多。

这些反常使我们极为惊讶。经过多次反复的实验可以确知，我的实验并没有错，为此必须对这一反常现象做出合理的解释。于是我假定，在这些含有铀和钍的矿物中一定含有少量的另一种元素，它的放射性比铀或钍的放射性更强。这种元素一定是一种人们尚不知道的元素，因为我们已经对已知的元素都做过了测量。

我非常迫切地想在尽可能短的时间内证实我的这一假说，皮埃尔对这个问题也深感意义重大，于是他将他的晶体研究暂时搁置一边（当时以为只搁置很短的时间），与我通力合作，以找到这个未知的元素。

我们在研究时选取了一种叫铀沥青矿的含铀矿石。在纯净的状态下，它的放射性比氧化铀强4倍。

对于这种矿石的成分，以前曾做过极精确的化学分析。我们估计，我们想求得的新元素在这种矿物中的含量绝对不超过百万分之一。后来我们研究的结果证实，铀沥青矿中的确含有一种新的放射性元素，但其含量远不到百万分之一。

我们使用的分析方法，是以放射性现象为根据的新式化学分析法。大概程序是这样的：先用普通的化学分析法将铀沥青矿中的各个组成部分分离开，然后在合适的条件下，计量各组成部分的放射性。用这种方法进行下去，我们发现一部分分析出来的物质的放射性增强

皮埃尔放弃了自己的研究，与妻子一起研究放射性元素

了，可以推测，我们想求得的新元素在这一部分物质中含量一定增加了。这样，新元素的化学性质就可以被查明。过了一些日子，我们发觉未知的放射性元素主要集中在两种不同的化合物中，于是我们认识到，在铀沥青矿中，至少有两种未知的新放射性元素，我们分别称它们为钋和镭。1898年7月，我们宣布了钋的发现，同年12月又宣布了镭的发现。①

我们的研究虽然进展比较迅速，但是距离全部研究工作的完成还很远。根据我们的观点，这两种新的放射性元素的存在是毫无疑问的，但如果要想让它们的存在得到化学界的承认，则必须将它们单独地分离出来才行。但我们所得到的放射性极强的（数百倍于铀射线）化合物中，

---

① 镭的发现，是由我们与贝蒙特共同发表的，因为他曾经与我们共同做过实验。

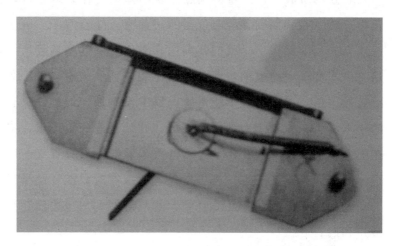

居里夫妇用来测量放射性的压电石英盘

其所含钋和镭的量仍然极其微小。钋与从铀沥青矿中所提取出的铋相化合；镭则与钡相化合。我们已经知道用什么方法可以把钋和镭从铋和钡的化合物中分离出来，但是如果想要完成这种分离工作，则必须要有大量的铀沥青矿石。

在此期间，我们的研究因条件的严重欠缺而大受制约，我们没有足够的设备，没有足够的财力、人力，连合适的研究场所都没有。

铀沥青矿价值昂贵，我们根本没有能力大量购置。当时这种矿主要供应地在波希米亚的圣约阿希姆斯塔尔，奥地利政府在那儿开了一个矿，开采和提取铀。我们认为可以从这个矿在提炼完铀以后抛弃的矿渣中提取其中含有的镭和一部分钋，这种矿渣当时被认为毫无利用价值而被抛弃。由于奥地利科学院的盛情帮助，我们用很便宜的价钱购买了数吨这种矿渣，用来作为我们实验的材料。在开始这一实验时，费用都由我们两人出，以后才得到一点补助和其他人的捐助。

实验场所成了最严重的问题，我不知道有什么地方可以供我们做化学分析。在我们安置静电仪器的房前有一个空院子，院子的对面有一遗弃未用的储藏室，我们就利用它来作为新的实验场所。这间房子是一个木棚子，地上铺着沥青，棚顶装有玻璃天窗，由于久置未用所以破败不堪，连雨水也不能避防。室中没有任何设施，只有几张破旧的松木桌子，一个不大管用的铁炉，此外还有一块黑板，皮埃尔常常在上面画图、计算。在化学分析过程中，经常会有毒气产生，而室内根本没有通气设备把毒气排出室外，所以有时只能在院子里做；但如果遇到刮风下雨天气不好的时候，就只好回到屋里去做，只不过要把窗户和门打开。

在这个勉强可以充当实验室的木棚里，有两年我们没有一个助手帮忙，我们把所有的时间都用在了化学分析上面。随着提炼出的放射性物质的量逐渐增多，对它们放射性的研究也在加紧进行。到这时，我们两人不得不进行分工，皮埃尔继续研究镭的性质，我则包揽了全部化学分析方面的工作，目标是提取纯净的镭盐。我需要采用的原料，常常一次就有20公斤之多，所以木棚里到处是盛满液体、沉淀物的大容器。搬动这些大的容器，向其中注入清水，或者用一根大铁棒搅拌一口铁锅中沸腾的铀沥青矿渣，一搅就是几个小时。这些非常令人疲劳的事情，都由我一人来做。我从矿石中提取出含有镭的钡化合物（其成分是氧化钡）后，又利用分步结晶法进行分离、提取。最后，镭元素全都集中到了最难于溶解的化合物中，我确信利用这种方法，可以提炼出氧化镭。这种结晶的方法，需要非常精密的操作过程，在这间木棚里实在难以完成，因为棚子里灰尘、煤烟太多，要想不影响最终的结晶，几乎是不可能的。一年快结束时，我们得到的结果表明，提取镭元素比提取钋元素要容易一点，所以我们就集中力量先提取镭元素。镭盐提炼出来以后，我们又研究了它的放射性。我们还将所得的镭盐的样本，借给了贝克勒尔等科学家使用。①

在1899年到1900年期间，皮埃尔和我发表了几篇论文，其中一篇论述了镭所产生的感应放射性的发现；一篇论述了放射线的作用，如发光、化学作用，等等；还有一篇则论述了放射线所带的电荷问题。最后，在巴黎物理学会的会议上，我们做了一个综合性的报告，论述了新放射性元素和它们的放射性。除此之外，皮埃尔还发表了一篇关于磁场影响放射线的研究报告。

在这几年中，我们的研究以及其他科学家的研究的主要结果是：镭辐射出的射线根据性质可以分成三种。镭射线中辐射出一束束放射性微小粒子，飞行速度非常快，其中带正电荷的为 α 射线，带负电荷者为 β 射线。这两种射线，均受磁场的影响而发生偏转。还有第三种射线，它不受磁场的影响，现在我们已经知道，这种射线是与光和 X 射线性质相类似的一种辐射。

我们最感到欣慰的是，所得到的含镭量丰富的化合物，能够自行发光。皮埃尔曾希望它们有各种不同的艳丽色彩，却没有料到它有发光的特性，真是大大超过了我们的预期。

1900年，物理学会举行年会时，特请我和皮埃尔在会上做演讲，将新放射性元素的最新研究为其他国家的科学家进行介绍。新放射性元素遂成为这次会议与会者关注的焦点。

我们开始没有预料到会有这些新的发现，而今在我们面前突然显示出一个全新的领域，于是我们就开始把精力集中于这一新的研究领域。

---

① 举一个例子，鲍尔生曾写信给皮埃尔，感谢皮埃尔在1898年借给他放射性物质使用。
先生，我最崇敬的先生：
非常感谢您在8月1日写给我的信，我是在冰岛北部收到这封信的。
我们以前计量一个固定导电体某一点的电压时，是根据其四周的空气来确定。现在我们完全抛弃了这种方法，而完全采用您的放射粉末的方法。
我最尊崇的先生，请您接受我的敬意，更感谢先生您给予我们科学研究的巨大帮助。
鲍尔生，1899年10月16日于阿克雷里

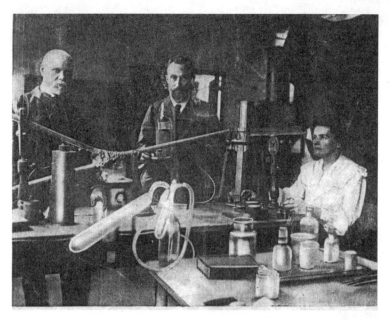

居里夫妇和珀蒂(左一)

虽然我们仍然在很艰难的研究条件下工作,但我们感到非常欢悦和欣慰。我们常常整天整天地在实验室工作,午餐也不回去吃,只到学生食堂买点东西对付。破败的木棚里充溢着宁静平和的气氛。有时在等候实验结果出来时,我们就在室里来回走动,边走边谈研究的现状和未来。冬天感到冷时,就在铁炉上热一杯茶,喝了就会感到暖意。这怡然自得的趣味,完全像在梦幻之中一般。

有时候在晚餐之后,我们又散步回到木棚子里,再次瞧瞧我们历尽艰辛得到的无价之宝。因为没有地方收藏,所以我们就把它们放在桌面或木板上,无论从哪一个方向上看,它们都发出隐约闪烁的幽光,这幽光似乎空悬在黑暗之中,引起我们无尽的迷恋和无限的感触。

理化学校实际上并未给皮埃尔安排助手，但实验室有一个职工，在皮埃尔任实验室主任时就常给他一些帮助，所以只要时间许可，他总是来帮助皮埃尔做些杂事。这个人叫珀蒂，他非常关心我们的实验，常常帮助我们或给予种种方便，并衷心希望我们能够成功。

开始时我们单独进行放射学研究，后来随着研究的进展，需要研究的问题越来越多，我们也越来越觉得需要合作者。1898年，学校的一位实验室主任贝蒙特，帮助了我们一段时间。大约在1900年，皮埃尔认识了安德烈·德比尔纳，他是一位年轻的化学家，是弗里德尔教授的助教。德比尔纳是最敬重皮埃尔的人中的一个。皮埃尔建议德比尔纳也来研究放射学，他欣然允诺。当时我们曾经怀疑有一种新的放射性元素，它可能存在于铁族和稀土族元素之中，我

居里夫妇的合作者德比尔纳

们请他来做这一研究。后来，他由此发现了新元素锕。他的这一研究，是在巴黎大学佩兰教授的理化实验室中完成的，但他常来我们的实验室造访。不久，他成了我们亲密的朋友，后来还与皮埃尔的父亲以及我们的女儿成了好朋友。

大约正是在这时，有一位青年的物理学家萨尼亚克正在研究X射线，他常到我们实验室来与皮埃尔讨论种种问题。他认为X射线和X射线附带产生的射线，以及放射性物体产生的射线之间，可能有相似之处，他建议对这些相似处做一些研究。于是他和皮埃尔两人对射线的电性进行一些研究。

除了与我们共同合作的人以外，我们在实验室里很少会见别的人。但是，经常有物理学家和化学家来参观我们的实验，或者来请求皮埃尔

对某些问题提出指导和意见,因为皮埃尔在物理学的某些方面成了公认的权威。他们来了就在黑板上书写,讨论问题。这种讨论,到今天仍有人津津乐道,在回忆中提起。因为这些讨论能引发人们对科学的兴趣,鼓励人们奋发向上,而且还可以激发人们的想象力和帮助人们正确地思考问题。但实验室宁静、思索的氛围不会因此而改变,因为只有这样才能使实验室处于真正最佳的环境之中。

## 6/奋斗和名声·迟到的关注

▶ ▶ ▶　----------------------

尽管我们一直希望把全部精力投到实验研究中去，尽管我们把日常生活开销控制在很低的水平上，但是到了1900年，我们还是不得不想办法提高我们的收入，否则很难维持下去。皮埃尔对自己能在巴黎大学获得一个重要职位的机会几乎不抱幻想。这职位的薪金虽然不是很多，但足可以满足我们家庭简朴的生活需要，而不再利用其他辅助收入以维持生活。但他既不是巴黎高等师范学校的毕业生，也不是巴黎高等综合工业学校的毕业生，因此缺乏这两所高等学校给予他们学校学生的强有力的支持，而获得这种支持乃是获得这种职位的关键。如果论皮埃尔所取得的优异成就，那他是无愧于获得这种职位的。但是，他所希望获得的不但都被其他人获得，甚至于在举荐候补人选时都没有人想到过皮埃尔。

1898年初，巴黎大学物理化学系的萨莱教授去世，这个教授职位产生了空缺。皮埃尔立即申请继任这一职位，但是没有获得成功。这次失败使他悲观了，他认为自己将不可能再有获得提升的机会。然而，1900年3月，他被委任为高等综合工业学校的助理教授，但他在这个职位上仅仅待了半年。

1900年春季，忽然传来一个出乎我们意料的消息：日内瓦大学想聘请皮埃尔去担任该校物理学教授。该大学的校长以极诚恳的态度来聘请皮埃尔，并一再声明日内瓦大学将会给他以特别优厚的待遇，只要这位声望极高的科学家能到他们大学任职。这个职务带来的好处不仅仅是优厚的薪金，该校还声明他们将为皮埃尔建造一个物理学实验室，以适应我们的需要，并且允诺在这个实验室里给我一个正式职务。这项建议，当然值得我们慎重考虑和认真对待。我们表示先到日内瓦大学去参观一下，然后再作决定。我们到达该校时，他们热诚地款待了我们，极力鼓动我们到该校任职。

去还是不去，这时的决断对今后将至关重要。日内瓦大学的确有很多优点，除了待遇优厚以外，其生活的恬静平淡几乎可以和乡村比较，因此皮埃尔有接受的意思。但因为这件事会影响到镭的研究，最终我们婉言谢绝了。我们主要担心的是这种变动，会影响甚或阻碍我们镭研究的进行。

正在这时，巴黎大学《物理、化学和博物学》课程中的物理教授职位空缺，这一课程是医科学生的必修课，通常被称为 P.C.N.。皮埃尔申请获得这一职位，由于有 H. 彭加勒的推荐，他的申请获得了批准。彭加勒深切地希望皮埃尔不要离开法国。在此之前，我也受赛福尔女子高等师范学校的聘请，到该校讲授物理学课程。

这样，我们就仍然留在了巴黎，而收入也有了提高。但我们的研究工作，却因此更加艰难。皮埃尔如今要在两处讲课，尤其是 P.C.N. 的课程，听课的人数很多，因此备课费时、讲课费力；而我也得花费时间准备赛福尔高师的课程，还得组织实验课程，而这门课程以前从来没有受到过重视，设备也极不完善。皮埃尔在巴黎大学的新职位，并没有给他带来实验室，他仅仅可以在居维叶路 12 号处的附属于大学的一间房子里讲授实验课程，另有一间小办公室和一间简陋的研究室由他自由支配。条件虽然如此之差，但皮埃尔仍然坚决地认为进行个人研究绝不可少。当时的放射性研究进展很快，因此他决定利用他在巴黎大学的新职务，选择一些学生，指导他们进行研究。于是他向学校请求给他配备一个较大的实验室。但凡这种申请，要经

巴黎大学的索邦小教堂,建于 17 世纪

历行政批复和寻求拨款等环节，困难和障碍简直多得让人无法预料，因此处处碰壁；如果期望获得成功，要不怕难堪，不断地上书申请，不断地拜会有关人士。而这些繁文缛节，是令皮埃尔最感到苦恼和失望的。除此等事务之外，我们在木棚中的实验还在继续，因此皮埃尔得奔忙于 P. C. N. 课程和木棚之间，苦累之状，不言而喻。

诸多困难还是小事，更重要的是我们的研究几乎无法取得进展。因为研究到了当前的阶段，不用工业方法来处理原材料而想取得进展已经不可能了。幸运的是我们想到了权宜之计，加上得到了一些慷慨的帮助，我们的困难总算解决了。

以前皮埃尔在制作精密天平时，曾经和化学制品中心协会有过联系。1899 年，皮埃尔曾经为用工业方法提炼镭的设想在该协会做过一些实验，因此可以随时利用该协会的设备。对于用工业方法提炼镭，德比尔纳做过详细切实的研究，所以在正式开始实验后，取得了很好的效果。但必须培训一些专业人才，因为这项工作非常精密、细致，非一般人可为。

我们的放射性研究引起了各国的普遍重视，所以各国都先后开展了类似的研究。皮埃尔对于别人的成就，始终抱着一种无私的、宽宏大量的态度。经过我的同意，我们决定不从我们的发现中获取任何物质利益，所以我们没有申请任何专利，毫无保留地公开了我们所有的研究成果，并将提炼镭的具体方法公之于众。此外，任何人只要对这项研究有兴趣而向我们提出任何问题，我们都一律详细地予以解释。正因为如此，制镭工业受益匪浅，它们首先在法国，接着是在其他国家得以自由地发展，从而保证了科学和医学上的需求。这项工业直到今天，仍然沿用我们所使用过的方法，没有任何变动。[①]

---

[①] 在我最近的一次访美行程中，美国妇女慷慨地赠送了我 1 克镭。布法罗自然科学协会送我一本刊物作为纪念，它追溯了镭工业在美国的发展，其中印有皮埃尔答复美国工程师的一些信件，信中对所有问题均给出了详尽、确切的回答。时间是 1902 年至 1903 年之间。

我们的工业实验结果虽然很好，但我们却因为经济困难、无人资助而很难取得进展。当时有一位法国实业家利斯勒被我们无私的精神感动，于是有意兴办一个正式的制镭工厂，这在当时可是大智大勇的行为。他计划将这个工厂的产品供给医学上的需求，因为当时已经有人做过研究并发表了文章，论述镭对生物的影响，以及用于治疗上的效果等等。这个制镭工厂，后来果真获得了成功，其重要的原因是利斯勒雇用的工人都是经过我们培训过的，足以承担各种精密细致的工作。镭正式成为商品在市场上出售，但是它的价格实在太昂贵，其原因是制作过程太特殊且复杂困难，再加上提炼镭的原材料的价格忽然大涨。[1]

在这里，我想特别说明的是，利斯勒与我们合作所展现的精神，实在值得我们钦佩和珍视。他毫无私心地把他的工厂划出一小部分供我们做研究，还负担了我们部分的经费，不足的部分由我们或由他人的捐赠补齐。捐赠者中最值得一提的是法国科学院，该机构在1902年向我们捐赠了2万法郎。

正是在这种情况下，我们开始从以前购买的铀沥青矿中，逐次提取少量的镭，以供我们研究之用。从原矿石中提炼含镭的钡盐的过程在工厂中进行，而精炼和部分结晶的程序则由我在实验室中进行。直到1902年，我才制取了十分之一克的纯氧化镭，有了它才能得到镭元素的光谱；我也正是利用它第一次测出镭元素的原子量，其数值比钡的原子量大多了。这样，镭才在化学上成为一个独立的新元素为众人接受，不再有人为此提出疑问了。

我的博士论文就是以这一研究为内容的。1903年，我完成了博士论文。

以后，随着实验室制取的镭的数量日渐增多，我又对镭的原子量做了第二次更精确的测定，所得的原子量为225.35，现在通常采用的镭原子量为226.00。后来，我又与德比尔纳合作，提炼出纯金属镭。前

---

[1] 当时1毫克镭的价格是750法郎。

巴黎大学的一间教室，居里夫妇在这儿讲过课

后我提取的镭大约有 1 克多一点。按照皮埃尔和我共同的愿望，这些镭全部赠送给了实验室。

纯镭的放射能力，远远超出我们的预计：与铀同重量的镭，其放射能力是铀的 100 万倍。以此计算，铀沥青矿中所含的镭和铀的比例大约是 0.3 克比 1 吨。它们二者关系十分密切，总是在矿石中同时出现。现在我们知道，矿石中的镭是铀衰变而成的。

自从皮埃尔任 P.C.N. 教授之日开始，就十分劳累。他所参与的一切事务性工作，极其烦琐复杂，这使他茫无头绪、焦虑万分，大有不可终日、坐不安席之感。按照他的性格，只有当他能集中精力于一件单纯确定的事情上，他才会感到愉快。因为课程太多，体力消耗过分，他常常感到十分疲倦，后来更是多病多痛，备受折磨。

如果想让皮埃尔有充分的休息时间，保持健康的身体，那只有减轻他的教学负担。因此当巴黎大学矿物学课程教授一职空缺时，他提出了申请。他对矿物学有很高的造诣,而且在晶体物理学方面发表过重要的理论,所以他本应为很合格的候选人,但他落选了。

在这一病痛折磨他的时期,他仍然以超人的努力和勤勉奋斗的精神,完成了几项重要的研究,其中有的是他一人完成的,有的是与别人合作进行的。下面列出其研究题目:

感应放射性的研究(有些是与安德烈·德比尔纳合作的,另一些是与 J. 丹纳合作的);

镭射线与 X 射线在电介质液体中引起的导电性的研究;

镭射气的衰减律及镭射气与其沉淀物的放射性常数的研究;

镭释放热量的发现(与 A. 拉伯德合作);

镭射气在空气中漫射的研究(与 J. 丹纳合作);

温泉产生的气体的放射性研究(与 A. 拉伯德合作);

镭射线的生理影响的研究(与贝克勒尔的研究相同);

镭射气的生理效应的研究(与布夏尔和巴尔塔扎尔的研究相同);

决定磁性常数的仪器简介(与 C. 什纳沃的研究相同)。

以上关于放射性的种种研究,都属于最基础的研究,所涵盖的范围也极广。其中有一些是研究镭射气的,所谓镭射气,指的是镭产生的一种奇特的气体,一般都认为镭所具有的强烈的放射性,大部分都产自于这种气体。皮埃尔进行仔细的研究后证实,这种镭射气能自行衰变而消失,而且其衰变遵循一定的规律,这种规律不受外界的任何影响。今日,镭射气一般都被收集在细小的玻璃瓶中,医生常用它来治病。从技术上讲,这比用镭直接治疗更为方便。但医生在使用镭射气时,必须事先查阅图表,知道镭射气每日衰减的数量,方可用其治疗。因为镭射气虽然被密封在玻璃瓶中,它仍然会衰减。有一些泉水因为能够治病而很有名气,其原因正是这些泉水中含有少量的镭射气。

皮埃尔的诸多研究中,以镭可以产生热量的发现最为惊人。在通常情形下,镭的表面并没有什么变化,但它每小时所产生的热量足以溶化与本身重量相等的冰块!如果将这些热量收集起来不使它向四周扩散,则镭本身的温度可以上升到比周围空气高 10℃以上。这种现象，与当时所有的科学知识相违背。

最后，我还必须提到有关镭的生理作用的各项实验研究，因为这些研究发现它有明显的消肿功能。

为了检验 F. 吉塞尔发表不久的研究结论，皮埃尔自告奋勇地把手臂暴露在镭的作用下几个小时，结果皮肤肌肉受到如同烫伤一样的伤害，并逐渐向外扩展，过了几个月才得以复原。贝克勒尔曾经将一个装有镭盐的玻璃管放在背心的口袋中，结果也受到同样的伤害。后来，当他告诉我们镭对他的伤害时，他喜怒参半地大声说道："我真是爱它，但我又恨它。"

皮埃尔自从认识到镭的生理效应后，就开始与医生们合作，共同研究这一效应。他们用镭射气在动物身上做实验。这些研究就是镭疗方法的起始点。最初用来正式治疗疾病的镭，都是从皮埃尔那儿借用的。镭开始被用来治疗狼疮和其他一些皮肤病，后来扩展到治疗其他疾病上。在法国一个名为"镭疗科"的专科逐渐形成，镭疗法成为医学上十分重要的一种治疗方法，这种方法也被称为"居里疗法"。后来由于法国一些医生的研究，这一疗法有了更大的进展。其中最有名气的医生有当洛斯、乌丹、威克汉姆、多米尼西、谢隆、德格赖斯等人。①

此后，其他国家也都开始积极致力于放射学的研究，新的发现接连不断地出现。有些科学家根据我们开创的新的化学分析方法（即以放射性为根据的新方法），寻找其他放射性元素。现在医学上经常使用的大规模工业制造的新钍，以及放射性钍、锾、放射性铜、放射性铅等等，都是用这种新方法而先后发现的。到今天，我们已经知道的放射性元素

---

① 这些医生都得到了利斯勒的帮助，他们所用的镭都是他捐赠的。此外，利斯勒在 1906 年还专门创办了一个实验室用于进行医学研究，并供应所需的镭。他还创办了一个专业杂志《镭》（*Radium*），讨论放射学及其应用，这份杂志由丹纳主编。这是一个实业家慷慨赞助科学的实例。当时这种事情很少见，实属凤毛麟角。我期望这种赞助能更加普遍，这样，实业家和科学家能够合作双赢。

共有30多种（其中3种为射气）。其中镭仍然占据最重要的地位，因为它的放射性特别强，而其衰减蜕变的速率极其缓慢。

在放射学这门新学科的发展过程中，1903年是特别值得我们记住的一年。这一年，对镭元素性质的研究已基本结束。皮埃尔发现了一个惊人的事实：这种新元素可以放出热量，而其表面没有任何改变。在英国，拉姆塞和索迪宣布了一个重大发现：镭可以继续不断地产生氦气，由这一事实可以断定原子肯定是可以变化的。将镭盐加热到它的熔点后把它密封在一玻璃管中，一段时间后，管中的空气全部被驱出，再将镭加热使它放出少量的氦气，氦气的存在可以利用光谱仪断定。这一特别重要的实验被反复做过许多次，都证实了镭可以放出氦气。因此，这一实验是证实原子可以变化的第一个例证。虽然我们不能控制这一变化，但却足以推翻原子不可改变的传统旧说，这是无可怀疑的。

这一事实，再加上以前所知道的其他事实，经E. 卢瑟福和索迪的综合，形成了一篇最有价值的文章，奠定了今日被人们普遍接受的放射蜕变学说的基础。按照这一学说，放射性元素表面虽然没有变化，但它的内部却正在发生蜕变；放射性越强，其蜕变越迅速。①

放射性原子蜕变的方式有两种：第一种方式是原子自身发射出一个速度极快而且带正电的粒子，即α射线；第二种方式是原子自身发射出我们在现代物理学中已经很熟悉的电子，即β射线。我们知道，电子在速度不太快的时候，其质量仅为氢原子质量的1/1800；但当电子的速度与光速相近时，其质量将大大增加。任何放射性原子无论按哪一种方式蜕变后，剩下来的原子就与原来的原子不同了。剩下来的原子还会继续蜕变，直到最后剩下来的原子不再具有任何放射性，成为一个稳定的原子为止。这种稳定的原子，就是非放射性元素。

因此，α射线和β射线都是原子分裂而成的产物；γ射线不同于α

---

① 放射学与原子变化有关的学说，以及其他类似的学说，在卢瑟福没有正式论证以前，早已被皮埃尔和我预料到了。请参看1900年《科学评论》（*Revue Scientifique*）上刊登的我的一些论文。

和 β 射线，它是原子蜕变时产生的一种辐射，与可见光类似，只不过穿透性更强一些。近几年来，它越来越多地被当作治疗手段而使用。①

现在我们还知道了放射性元素可以分成几族，每一族中的放射性元素都是由它前面一个元素蜕变而产生的，每一族中原始的元素是铀和钍。不难证实，镭是由铀产生的，钋又是镭产生的。于是，每个放射性元素由它的母体产生后，又自行蜕变并产生其他放射性元素；这些元素与它的母体同时存在的时候，其数量不能超过一定的比例。这就是为什么在原始矿石中镭与铀的数量有一不变的比例。

放射性元素的自发蜕变按照一个基本规律进行，这个规律被称为"指数定律"。按照这一定律，每个放射性元素减少到它原来重量的一半的阶段，称之为"半衰期"②；每一个放射性元素的半衰期是不会变的。知道了半衰期，就可以确定某一元素是什么元素，这个确定方法绝不会错。各元素的半衰期很不相同，也有不同的测定方法。铀的半衰期为几万万年，镭的半衰期为 1600 年，镭射气的还不到 4 天。由镭射气直接蜕变而来的元素中，其半衰期有的连 1 秒钟时间都不到。这种指数定律，还含有深远的哲学意义，即蜕变的发生，是一种按概率规律发生的事件。至于为什么以这种规律变化，对我们来说还是一个谜。我们还不知道，它们是起因于原子外的偶然事件，还是起因于原子内部的不稳定性。直到今天，在很多情形下，不论施加什么外来的干预，都不会对这种变化产生有效的影响。

以上接连不断的发现，将人们已经十分熟悉的物理学和化学所遵循的各种科学观念都推翻了。最初，还有人怀疑这些新的发现，但后来大部分科学家都热忱地接受了新发现的事实。与此同时，皮埃尔的声誉在法国和国外与日俱增。1901 年，法国科学院将 Lacaze 奖金授予了他；1902 年，以前曾给予皮埃尔许多帮助的马斯卡尔决心推荐皮埃尔为法

---

① 卢瑟福已利用 α 射线的高速能力，把几种轻原子打碎，击碎氮原子即为一例。
② 以前称为周期（period），现在改称为半衰期（half life period）。——译者注

国科学院院士。皮埃尔开始并不同意，因为他知道要想被选为院士，首先必须联络感情，拜会所有在巴黎的院士，而这是他不愿意干的事情。但由于马斯卡尔盛情相劝，更加之科学院的物理部早就宣布全体赞同推荐皮埃尔为院士，在这种情形下，皮埃尔终于同意申请院士候选人资格。但这次他仍然落选，直到1905年才被选为院士。不幸的是，他成为院士还不到一年的时间，就意外地因车祸去世。此外，国外有几个科学院也选他为院士，有几个科学学会选他为会员，还有几所大学赠给他名誉博士学位。

1903年，我们两人接受英国皇家学会的聘请，一同到伦敦讲学。皮埃尔关于镭的演讲，受到了极为热烈的欢迎。在伦敦，我们又见到开尔文勋爵，感到非常高兴。开尔文一如既往地对皮埃尔敬重有加，他虽然年事已高，但始终保持对科学的高度关注。这位声誉卓著的老科学家，常常把皮埃尔送给他的盛有一些镭盐的玻璃瓶展示于人，其快乐得意之状，溢于言表。我们还见到了其他几位著名的科学家，如克鲁克斯、拉姆塞、J.杜瓦等。皮埃尔后来还与杜瓦合作，研究镭在低温下放出的热量以及镭盐产生的氦气。

几个月以后，伦敦皇家学会把戴维奖章授予了皮埃尔和我。大约正是这时，我们两人与贝克勒尔同获1903年的诺贝尔物理学奖。由于这时我们两人都在病中，所以没有参加12月中旬举行的颁奖典礼。直到1905年6月，我们才到瑞典首都斯德哥尔摩市，皮埃尔做了诺贝尔演讲。我们受到了瑞典人民热烈诚挚的欢迎，还利用这次机会游览了瑞典山水，瞻仰了瑞典初夏时期的风光，其景色之奇丽，让我们惊羡不已。

诺贝尔奖的授予，对我们来说的确是一件重要的事情。首先，这个新建的奖项（1901年第一次颁发）会给获奖者带来极大的荣誉；其次，从经济方面来看，即使只获得这笔奖金的一半，其数量也不小。我们得了这笔奖金后，皮埃尔将其理化学校的职务辞去，交由他最好的学生朗之万继任，朗之万是一位很有才干的科学家。皮埃尔还聘请了一名助教，帮助他进行研究。

1903年颁发给居里夫妇的诺贝尔奖证书

但在获得这项值得庆贺的奖项后，媒体的大肆宣扬带来了许多的应酬，这是我们没有料到的。我们完全不习惯于这种应酬，因此感到非常的苦恼。访问拜会我们的人，接踵而至，不绝于途。书函信件更是如雪片一样不断地飞来，有人请我们写文章，有人请我们去演讲，天天如此，衔尾相随。这些耗费精神的事，使我们疲于应付，实在不是一件好事。皮埃尔为人一向随和，从来不愿严词拒绝别人的恳求，这种情形令他招架不住，而且明白如果对这些无止境的要求都一一答应，那将严重损害他的健康，还有他喜爱的宁静恬淡的心境；他的研究工作也会由此蒙受巨大的损失。他曾写信给纪尧姆说："人们现在不断地请我写文章、做演讲，这些请求我的人将会看到，我在研究上不会再有成就，到那时他们就会感到惊讶和失望了。"

在这一时期写给古伊的几封信中，他用下面的话描述自己的苦恼：

1902年3月20日

你知道，现在正是我们幸运的时刻，但幸福降临的同时，却又为我们带来了许多苦恼。我们的心情从没有像现在这样失去了宁静，现在我们整天几乎都没有喘息的时间。我们以前梦想在郊野生活，与人隔绝，现在看来这一切是何等的虚无缥缈啊。

1904年1月22日

亲爱的朋友：

请你原谅，我早就想写信给你，但因为现在我整日忙忙碌碌，过着最无聊的生活，所以未能提笔。想必你也知道，现在整个社会陷入对镭的狂热之中，我们因而获得一时的声望。我们成了世界各国新闻记者、摄影师的追逐对象，甚至有人将我女儿与保姆之间讲的话都作为新闻记录下来去发表；还有人描写我们家养的黑毛白花小猫……还有不少人请我捐款。……此外，那些要求我们亲笔题名的人，那些市侩势利的人，那些社会交际家们，以及科学家们，等等等等的人，蜂拥而至，我们宁静肃穆的实验室的门槛简直被他们踏破了。每天晚上，我们还得写大量的回信。在这种不正常的情形下，我们几乎整天昏昏沉沉、麻木不仁。如果因为这种熙攘骚扰而得到大学的一个教授职位或一间实验室，那倒也算划得来。但实际上教授职位一事还在计划之中，而我最想得到的实验室也一直得不到。我的意思是先给我一个实验室，但李亚德院长却想利用这一有利时机先建立一个新的课程，而且课程不指定所讲的内容，这与法兰西学院的情形类似。如果真的是这样，那我每年都得改变教材，这显然给我徒增许多困难。

1905年1月31日

我不得不放弃瑞典之行。你知道，我们已经违反了瑞典科学院的规定。但我必须避免做任何多余的事，才能使我疲惫至极的身体维持下去。我妻子的情形也与我差不多。我们已经不敢梦想过以往那种做研究的生活了。

说到研究，我现在没有任何成就。每天讲课，指导学生，安装仪器，以及不断地应酬一些来造访的不认识的人，谈一些无聊的事。光阴就这么一日一日地虚度过去，不能得到任何成就。

1905 年 7 月 25 日

亲爱的朋友：

今年你不能到我这儿来，这使我们深感失望。但我仍然期望在 10 月份能够与你见面。我们如不随时设法相聚，那我们将会与最亲爱的朋友永相分离，而去与那些不相干的人天天见面，其原因仅仅是我们与他们更容易见到。

我们最近仍然忙忙碌碌，过着乏味的生活，没有任何成就可言。我已经有一年多时间没有从事任何研究了，因为我没有时间由我自由支配。显然，我还没有找到一种方法让我不再虚掷光阴。我必须改变这种局面，因为从理性上说，这可是一件生死攸关的大事。

1905 年 11 月 7 日

明天我讲授的课程将正式开始，但是因为实验上还没有做好充分的准备，所以心中并不十分满意。讲课的地点在巴黎大学，而实验室却在居维叶路。此外，还有几门其他课程也在同一课堂讲授，我只有一个上午可以利用以准备课程。

我虽然没有病倒，但并不十分健康，很容易疲乏，所以现在完全没有能力做研究。但我妻子则正好相反，十分活跃。除了要在家中看护两个女儿以外，她还要到赛福尔女子高师去讲

居里夫妇与亲友合影

课,还要到实验室做研究,一分钟也没有浪费。她每天有大半天在实验室指导实验、做研究,比我强多了。

总的说来,我们的生活虽然有外来的干扰,但通过我们共同一致的努力,仍然可以过着和以前一样简朴、隐居和宁静的生活。到1904年底,我们又添了一个女儿,她就是艾芙·丹妮丝,她出生在克勒曼大街的住所里,这时皮埃尔的父亲与我们住在一起。与我们来往的只有少数几个知心朋友。

居里夫妇和女儿在自己家的花园里

大女儿年龄稍大以后，成了她爸爸的朋友，而她的爸爸也对教育她有浓厚的兴趣，只要有空暇，他就喜欢带她出门散步，到了休假之日更是如此。他常常和她进行严肃的谈话，而且只要她有问题，他一定认真回答，他十分热衷于观察她幼小的心灵如何渐次发展。我们的两个女儿，从出生以后就得到皮埃尔的钟爱，而且他十分乐于抚育她们，并乐此不疲，愿意将他所有的一切都赠予她们。

皮埃尔在国外的声誉与日俱增，法国人对他的崇敬虽然稍微来得迟一些，但也终于认识到了他的价值。到 45 岁时，皮埃尔已经是法国科学界的一流人物，但他在学校中的职位仍然很低。这种反常的状态，后来引起了公众的不满。正是在这种情形下，巴黎科学院院长李亚德趁机向议院提出申请，在巴黎大学创立一个新的课程。在 1904—1905 年的学年中，又授予他巴黎科学教职员协会的名誉教授头衔。一年后，他正式与理化学校脱离关系，其空出的职位由朗之万继任。

当巴黎大学新课程开始创办时，有许多困难。开始的计划是只有课程而不随设实验室。皮埃尔认为接受了新课程的教授职位，不但不能得到一个设备完善的实验室，反而失去了虽然设备不完善却聊胜于无的已有的实验室，因此他写信给上级，表示他不愿就任新教职，坚持在P. C. N.课程上任旧职。由于他的态度十分坚决，他终于获得了胜利：在新课程之外，院里拨一部分经费作为建立新实验室和聘请实验室人员的费用。实验室的人员构成要求有一个实验室主任，一个助教和一个实验室的工役。实验室主任的职位由我担任，皮埃尔对这种安排十分满意。

在离开理化学校时，我们感到很难过，想到以前我们在这儿研究时艰难而快乐的时光。那里虽然条件艰苦不堪，却令人恋恋不舍。对我们工作的木棚，更是留连不忍离去。后来的几年中，木棚日益损毁残败，我们还常常去那儿凭吊往事。后来理化学校在改建时，终于将它拆毁，剩下来的仅仅是我们保存的几张照片。拆毁的那一天，我们最忠实的朋友珀蒂还专门送信来告诉我这个不幸的消息，我还专程去做了最后的凭吊。唉，我只能孤身一人去。棚屋里的黑板上皮埃尔的笔迹依然历历在目，每一个角落都留下了难以忘怀的记忆。这简陋的棚屋，是我和皮埃尔开始研究的地方，而他又是这间陋屋的灵魂，如今一切都消失了，远去了。这残酷的现实，真如南柯一梦。当我流连在将毁的棚屋中时，我多么期望能再次看到他那高大的身影，能再次听到他那熟悉的声音啊！

议院虽然已经通过创办新课程的申请，但没有进一步推动同时建立课程附设实验室的事情，但要想进一步发展新兴的放射学，建立实验室实乃刻不容缓的事。为了能继续研究，皮埃尔仍然保留了P. C. N.课程的实验室，并借用了一个大房间，又在空院子里建了一座有两间小房的小屋，用其中的一间作为讨论室。

由此我们可以知道这就是法国给予皮埃尔最后的帮助。当我们想到这位法国第一流的科学家虽然在20岁就已经崭露头角、脱颖而出，但却终生没有一个设备完善的实验室供他使用，这难道不令人深感悲伤？当然，如果他活得时间长一点，研究的设备也许会让他心满意足。但他去世时已经是48岁的人了，却仍然未能如愿以偿，能不让人叹惜吗？我们想一想，一个无私奉献自己一切的学者，致力于完成一项伟大的研究，却始终因为经济上的原因而不能实现他的梦想，他会多么痛心和遗憾！这个国家竟然将她的最有才智和最勇毅的国民，随意抛弃而不闻不问，以致永远失而不得，我们能够不深感惋惜和悲痛吗？

除了希望得到一个设备完善的实验室以外，皮埃尔没有其他任何企求。到了1903年，他的声誉日见高涨，他的上级迫于形势，劝他接受荣誉勋章，但他始终坚持不受荣誉，这在前面已经谈及。他这次又像以前写信给理化学校校长谢绝一级教育勋章一样，写信给上级谢绝荣誉勋章。信中有一段话是："我请您代我感谢部长，并请转告他，我不需要任何褒奖，我现在最需要的是一个设备完善的实验室。"

皮埃尔被任命为巴黎大学教授后，需要讲授一门新的课程，内容由他自己确定。由于范围很广，所以他有充分选择教材的自由，他就利用这一绝佳的机会重新回到他最钟爱的课题上。他的课程中有一部分内容就是讨论对称性定律、矢量和张量场的，这些概念都在晶体物理学中有广泛的应用。他还想将这些内容逐渐扩充，使课程能包含整个晶体物理学。由于这个课程在法国还没有人讲过，所以他认为讲这些内容最为必要。除此之外，他还讲述放射学的内容，他仔细阐明这一新学科的发现，以及它所带来的科学革命。

皮埃尔的健康状况虽然不好，但他除了尽力为新课程做准备以外，仍然没有停止在实验室里的研究。实验室的设备及组织管理，都已经日见好转，它的占地面积也扩大了一些，可以容纳几名学生在里面做研究和实验。这时他与拉伯德合作，考察矿水和泉水中所释放出来的气体。这是他最后发表的研究。

当时皮埃尔的学术水平已经达到他的顶峰。最使我们钦佩的是他对物理学理论的精微深远的见解，以及演绎之中肯和对基本原理的领悟之透彻明晰。在观察自然界各种现象时，他似乎天生就有洞察一切的本领，加之他终生都在从事研究，所以其认识之精确、独到，实在让人叹服。他的实验技巧，从一开始就非同一般，在久经实践的锻炼后，更达到了炉火纯青、登峰造极的境界。每当他制成一个精密的实验仪器时，他获得的愉快极大，他会像一名艺术家一样，对仪器的精美品赏不止。设计发明新的仪器，更是他的爱好。我常常取笑他，说他如果半年不制造新仪器就技痒，一年都会郁郁不乐。天生就有好奇心，又极富理想，所以他常常研究彼此全不相关的多种事物，由此他又能轻易地改变研究课题，这是一般人很难做到的。

当他发表研究的结果时，他最重视的是诚实、正确和精确。他的论文，本来已经是完美无瑕的，但他总是不断地以客观的眼光审视和修改它们。他一再强调，没有完全弄明白的事情，我们绝对不能用肯定的方式进行描述。他曾说：

> 大凡在研究未知的现象时，我们可以先提出一个非常一般性的假说，然后根据经验所得一步步地向前推进，直到最终完成。这种方法最可靠，但进展常常显得迟缓一些。我们当然也可以先提出一个大胆的假说，用以预先确定现象的机理；这种方法的长处是可以构思某些实验，用以证实这个假定是不是对的，而且因为这种方法不会过于抽象，能使人们心中先有一个假想的图像，便于推测演绎。如果我们不这样，而是根据一个实验结果反过来寻求一个复杂的理论，则无异于缘木求鱼，不可能达到目的。但是，大凡可靠的假定，虽然其中含有部分真理，却也必然含有部分错误。而且，即使这部分真理确实存在，也必然只是更为一般性的见解的一部分，而且最后还是必须回到这个一般性见解之中。

皮埃尔虽然常常毫不犹豫地提出某种假说，然而在不成熟完备之时他决不会发表。他最讨厌的事就是仓促地发表研究结果，他宁愿先在两三个人之间进行冷静的不声张的讨论。当放射性研究走红时，他宁愿先离开这项研究而回到以前暂停的晶体物理学的研究中去。他还想对不同的理论问题，做一次系统性的考查。

皮埃尔讲课时，尽心竭力，十分认真，所以讲课的方法和课程的内容日趋完善。他认为，无论是课程的一般方向，还是讲授的方法，都应当建立在与自然和经验的联系之上。当教授联会成立时，他希望自己的观点能够被采纳，因此他提出建议："科学教育应该是男子和女子中学的主要课程。"他还说："但这一意见获得支持的机会恐怕很小。"

在皮埃尔生命的最后时期，他的思想和工作都非常充实而有活力，可惜的是这没持续很久。正当他的研究和生活条件都在好转，比以前轻松、舒适的时候，他的科学生活猝然终止，实在是太令人惋惜了。

1906年，皮埃尔因为疲劳过度，身体感到不舒服，于是和我以及两个女儿一起到切弗罗斯峡谷度过了复活节的两天假期。当时正值春光明媚，加上与亲人一起休息度假，他感到疲惫似乎很快消除了，心情也十分欢悦。当他和两个女儿在芳草野花中奔跑嬉戏时，他还和我谈到了现在和将来，轻松愉快，十分乐观。

回到巴黎后，他去参加了物理学会的聚餐会，席间他恰好坐在彭加勒的旁边，两人谈了很久关于讲授科学的方针等问题。聚会结束后，我们两人步行回家，我们边走边继续讨论理想中的文化，我同意他的意见，他为此感到十分欣慰。

第二天，1906年4月19日，他去参加科学教授协会的聚会，在会中他诚恳地与大家讨论了该协会应采取的方针。开完会后他步行到街上，正当他穿过多菲内路时，从新桥方向驶来一辆载货马车，将他撞倒，车轮从他身上轧过去，皮埃尔脑骨破裂，当场毙命。

一位伟人就这样走了，留下没有完成的志愿。然而在他永不会再去的书房里，那从乡下带回来的金凤花，仍然鲜艳如昨，未曾凋零。

## 7/民族的悲哀·神圣的实验室

▶ ▶ ▶ ----------------------

关于皮埃尔惨遭不幸给我们家庭带来的悲痛,我不想在这儿多加描述。从本书前述的种种事实,人们可以想到他对于他的父亲、哥哥、妻子、女儿意味着什么。他生性慈爱,特别钟爱两个女儿,常常乐于和她们一起嬉戏,但两个女儿年龄尚小,不能理解这场悲剧的意义;她们的祖父和我,在悲痛之余,还得尽力不使她们快乐的童年因为这场悲剧而蒙上阴影。

惨剧的消息传出去以后,在法国和其他国家的科学界引起了巨大的震动,巴黎大学各院的院长和教授们,纷纷来信表示恳切的哀悼和深厚的同情,国外的科学家们的函电也不断飞来。皮埃尔在公众中也留下了深刻的印象,尽管他缄默少言,但在公众中仍享有很高的声誉——从我们收到的相识或不相识的私人信件中,可以看到这一点。在这时期里,新闻界和出版界都纷纷刊登文章,表达他们深切的惋惜和悲痛。法国政府也致函哀悼,还有几位外国元首也来信表示同情。法国就这样失去了一位最纯洁最光荣的人,全国上下都认为这是国家的一个损失。①

皮埃尔已经离开了我们，我们遵照他昔日的意愿，用最简短的仪式，把他葬在西奥镇的家庭墓地里。没有什么公开的仪式，没有人演讲致辞，只有几位亲人和朋友送葬。当皮埃尔的哥哥雅克想起不再回来的弟弟时，他对我说："他那无限的天赋，再没有第二个人能超过。"

为了使皮埃尔的研究能够继续下去，巴黎科学教职员协会任命我继任皮埃尔生前所任的职位。这实在是我最大的光荣，我也决心继任这一职位，以便有一日能建立一个皮埃尔终生渴望的研究实验室。这是最好的纪念方式，使以后从这个实验室培养出来的学生能够发展他的思想和志愿。这些期望到今日已经有一部分实现了。经巴黎大学和巴斯德研究所共同的提议和赞助，我们创建了一个镭研究所，其中包含两个实验室：居里实验室和巴斯德实验室，前者研究镭射线的理化性质，后者研究镭的生物作用。为了悼念这位逝去的伟人，镭研究所门前的街道被命名为皮埃尔·居里路。

然而，放射学的巨大进展和在医疗应用上的神速进步，使这所镭研究所仍不能满足研究的需要，但是，今日的权威人士认为，法国镭研究所的研究水平和居里疗法的效果，可以与英美诸国并驾齐驱。居里疗

---

① 我从大量的唁信和唁电中，引用三位现在已不在人世的科学家的唁信。

夫人：

我急切地向您表示我深切的悲哀与同情。您今日所蒙受的损失，实在是法国和其他国家科学界共同的损失。噩耗传来，我如同被电击一样，失去了理解一切的能力。像他这样温和的发明家，对人类与科学做出了许多贡献，我们正期待他做更大的贡献之时，他竟溘然长逝，留下的只有记忆了。

M. 贝特洛

夫人：

因为我正在旅途中，直到今天才得到噩耗。我感到我失去了一个亲兄弟一样。以前我还没有领悟到我与您丈夫亲切的关系，直到今天我才领悟到了。我为夫人您感到悲痛和惋惜。

G. 李普曼

听到居里的惨剧，我深感悲痛。不知何时举行葬礼？我明天上午赶到米拉宝旅馆。

开尔文于甘纳

巴黎镭研究所

法，现在已经成为医治癌症最有效的方法了。我们期望国内有人能慷慨而有远见地给予捐助，则几年之后，我们才可能有一个设备完善的规模更大的镭研究所，这样我们才不会愧对我们的祖国。

  法国物理学会为了纪念皮埃尔·居里，决定出版他的论文全集，由朗之万和C.什纳沃任主编。这部巨著于1908年正式出版，全书有600多页，我写了一篇序言。这本独特的著作，题材广泛，内容丰富，真正展示了皮埃尔的思想精髓。整本书中，实验之精确，结论之明确，解释之简单明晰，没有丝毫可以指摘之处，该书堪称经典之作。可惜皮埃尔没有把他的才智充分展示于其著作之中，这实在是无可弥补的憾事。虽然他以前也想把他的研究成果全部写出来，还制订过一些计划，可惜都没有实现，这是因为他一生几乎没有中断过在困苦生活中的奋斗和挣扎。

  写到这儿，让我们从总体上回溯一下这短短的传记。我的希望是在读者的心目中再现一个人的形象。这个人一生不屈不挠地为实现自己的理想而奋斗不止，他想凭借自己的天赋和品格，为人类谋取幸福，但又希望不要张扬自己，只想让自己默默度过宁静的一生。他有着披荆斩棘、开辟新路的信心和毅力，他自信自己负有一种崇高的使命——从少年时他就这么看待自己，因此他能严于律己、奋勇直前，这使得他过着不同常人的生活，常人的享受和欢乐，他都拒绝接受。他能够使自己的思想和情感欲望服从理想的要求，久之他已经悠然自得地适应了这种状态，将情感和理想混为一体、不分畛域，连自身的存在也不复知晓了。他崇信：科学和理性具有伟大的、和平的力量，所以他终生为追寻真理而生活。无论是在研究自然现象时，还是在自己和他人间的交往上，他总是抱着忠恕的精神，严于律己，宽容他人。各种世俗的利益和欲望，他都没有放在心上，既不追求权力也不谋取荣誉，因此他没有仇人。他对自己的要求非常严格，其优秀卓越的精神状态超越了任何文明时代的人所具有的水平。人们与他交往，常常会感受到他内心的一种潜在的力量，并使自身受到潜移默化的感染。

这种生活需要人做出伟大的牺牲，这是值得我们重视的一点。一个伟大的科学家在实验室里的生活，并不是如常人设想的那样幽静、协调和美好，而是要花费极多的精力与冷酷无情的环境做斗争，更重要的是还要与自己内心的种种欲念做斗争。一个伟大的发现或发明，并不是像全身披甲的智慧之神雅典娜从主神宙斯的脑中一跃而出那样，从科学家的大脑中一下跳出。科学家的发现或发明，都是汇集各种事先做过大量研究的成果而得到的。在获得富有成效的结果之前，研究者经常处于恍惚和犹豫不决的状态中，当在相当多的时间内毫无成就，甚至会感到大自然总是和人作对，由此不免会感到失望、沮丧。每当处于这种没有结果的相持状态时，最重要的就是要保持坚毅的精神和清醒的头脑，决不气馁。皮埃尔从没有放弃自己的信心和耐心，他有时对我说："我们自愿选择的这种生活，还真是十分艰苦呀。"

但是，我们的社会对这位天才的、对人类有伟大贡献的科学家又给了什么样的报酬呢？我们对这些追求理想的人，给予了必需的研究条件吗？他们能过上无忧无虑的生活吗？若以皮埃尔和其他一些人的境遇观之，他们在必需的条件上都没有得到基本的满足。大部分的人在他们获得勉强可以做研究的条件之前，其壮年时的智慧和精力早已被日常无聊的琐事耗费殆尽。我们的社会，还不懂得科学的真正价值，到处充斥的是对财富和情欲的追求和渴望。人们更没有认识到科学是人类精神财富中最宝贵的部分。对于科学是人类进化的基础，可以减轻生活的沉重负担、避免灾祸等等，更是缺乏深刻的认识。政府的支持和私人的捐赠，是有助于科学家进行研究的条件，可惜科学和科学家都没有得到。

在结束本传记之前，我在这儿引用巴斯德的令人感佩的呼吁：

> 如果对人类有益的发明足以感动你的心灵，如果你心悦诚服地拜倒在电报、摄影术、麻醉术以及其他种种精彩的发明之前，如果你认为这些奇异的发明应该出现在你的祖国，嫉妒其他国家占有了这些发明权，那么，我恳请你们对我们取名为

"实验室"的神圣地方，给一些关注吧。务必使它们不断增多，使它们的设备更加完善，因为这些实验室正是未来的殿堂、财富的宝藏和幸福的源泉。人类的进化和发展，人类的维护和成长，都将源于实验室之中。大自然的创造，大多凶蛮而残暴、盲目而疯狂，具有毁灭性，但我们在实验室中可以窥探到大自然和谐的法则、进化的秩序。

但愿巴斯德的至理名言能发扬光大、深入人心。如果真能如此，那么在将来就会出现新的局面：当为人类谋幸福的先锋者为人类开辟新世界时，不再像今日那样艰难困苦。

# 评价皮埃尔·居里的文章选录

▶ ▶ ▶ ------------------------

我从已经发表的对皮埃尔·居里的各种评价中,选录了一些片段,这些杰出科学家动人的评价,可以使我的叙述更加完整。

**亨利·彭加勒:**

居里是科学界和法国公认的引以为荣的那些人当中的一个。如果论他的年龄,他极有可能得到更大的成就,他已经取得的一切就足以说明这一点。我们相信,如果他没有去世,他决不会让大家失望。在他遇难的前一天夜里(请原谅这涉及私人的回忆),我坐在他旁边,他对我谈到他的计划和理想。我羡慕他思想的敏捷和深远,物理现象经过他那有创造性的、清晰的大脑观察后,总会现出一幅新的面目。从他的思考中,我对人类智慧的伟大有了更好的理解。但是到第二天,一瞬间,一切都消失了。一场本不应出现的事故残酷地提醒了我们:思想在万分盲目的暴力面前只占据多么狭小的空间!这些暴力在世上横冲直撞,不知道去往何方,却碾碎了路上的一切。

他的朋友们、他的同事们立刻就感觉到他们遭受了极其重大的损失。但悲痛的还远远不止他们。国外最有名望的科学家们也极力设法表达他们的震惊和悲痛之情；在我们自己的国家，任何法国人，不管他们的文化程度如何，都或多或少地认识到：他的国家和人类，失去了一个多么重要的人物。

我不知道是什么微妙之至的感觉，使得居里在研究物理现象时，能够做出非凡的、确定无疑的推断，并使他能在复杂的表面现象中找到正确的方向，而别人却可能在同样的情况下走上歧途。……真正的物理学家，像居里一样，既不会主观臆断，也不会停留在事物的表面现象上，他们知道如何透视事物的本质。

所有认识他的人，都能体会他的诚挚和与他交往的愉快。人们会说，他的温柔谦和，他的天真率直，以及其他优良的品德，都会奇妙地吸引着与他交往的人。对家人，对朋友，甚至于对竞争者，他总是乐于舍己为人。他是那种人们称作"可怜的候选者"的人，但在我们的民主政治里，那种争权谋位、苟且营私的候选者，却是最不缺少的。

谁会想到在如此温柔的性格之下隐藏了一个不屈不挠的灵魂？他对他必须遵循的一般原则决不妥协，对所崇尚的道德理想——绝对诚挚的理想——也从不妥协。这个理想对于我们生活的现实世界，也许太高超。他不理解我们何以如此软弱，总是一味迁就和姑息。而且，他从不把对这个理想的崇拜与在科学上的行为分开。他高度的责任感，为我们树立了一个光辉的榜样。他的这种认识可能产生于对真理的朴素追求和纯洁的爱。他信仰什么教义，这并不重要；因为不是上帝，而是人的信心在创造着奇迹。

**法兰西研究院吉尔奈：**

一切为了工作，一切为了科学——这就是皮埃尔·居里一生的概括。他一生中辉煌的发现之多，才华之横溢，使他真正赢得了普遍的赞誉。正当他努力进行研究，工作进展顺利，就要全面获得丰收之时，1906年4月19日的一场可怕灾难永远结束了这一切。我们的震惊，无法言表……

各种各样五花八门的荣誉都不能使他眼花缭乱、意马心猿。在我们这个时代，推动科学获得历史性进步的那些人中，他是且将永远是一个非同寻常的人。他的同龄人在他身上发现了一个坚强不屈、无私献身科学的高贵榜样。像他这样纯洁和值得赞扬的人，实在不多见。

**琼·佩兰：**

皮埃尔·居里，大家都叫他大师，我们都乐意称他为我们的朋友，在他精力的全盛时期突然去世了……他是一个伟大的天才，真挚、随和、冷静、大胆，任何事物都不能束缚他的思想，不能阻止他前进。他可以说是一个完美的榜样和楷模。优秀的才智和高尚的品德结合在一起，使他达到了大公无私和至善至美的境地。这是一个多么伟大的灵魂。

那些认识皮埃尔·居里的人都知道，在他身边你就会有一种激情的感受，促使你尽力地去做、去理解。为了纪念他，我们将努力宣扬这种感受。我们还要在他那苍白而英俊的脸上，找寻那种感召力的秘密，它使所有那些接近他的人都变得更加能干。

**C. 什纳沃：**

……为了认清我们不可挽回的损失，我们必须记住居里与他学生之间的深情。……我们有些人对他非常崇拜，这不是没有理由的……至于我自己，除了我的家人之外，他是我最亲爱的人之一。他非常清楚如何亲切地对待、爱护那些没有经验的学生。甚至对地位卑微的助手，他也非常友善。他们都很崇敬他。当实验室的学生听到他突然去世的消息时,他们流出了痛苦的眼泪,那是我见到的最真挚和最悲伤的眼泪。

**保罗·朗之万:**

……每天我都会想起他。想起每次与他讨论他正在进行的研究,想起他友善的沉思着的面容、明亮的眼睛、英俊而富于表情的眉头……,这是历经25年不懈的实验室工作和简朴生活磨炼出来的。每一次的想念,都会使我的思想受到启迪。

法国物理学家朗之万

……我对他在实验室时的情景记忆犹新,仿佛他就要出现在我眼前。18年来他几乎没有任何改变。正是在他的指导下,我才腼腆而笨拙地开始了我的实验研究……

他经常亲自构思或改进仪器设备。他那双物理学家的手,颀长白净,特别灵活。连他做出的各种姿势,我们都非常熟悉……

我作为学生进入他的实验室时,他才29岁,但他在实验室中已完全度过了10年,所以实验技术非常娴熟。虽然我们学识浅薄,他的神态也有些羞涩,但通过他的正确指导和解释,我们还是能领会他讲解的一切。我们总是带着极其愉快的心情进入实验室,因为在他身边工作,我们觉得很有乐趣。宽敞而明亮的屋子里摆满了各种仪器设备,其形状之奇特使我们感到有些神秘。我们不会害怕向他请教,他有时也允许我们进行一些特别细致的操作。也许学生时代最清晰的记忆,是我站在黑板前的那些时刻。他愉快地与我们交谈,尽力唤起我们丰富的想象，引起我们对科学的兴趣。他的好奇心极强，并且很容易感染他人；他的知识丰富而翔实，极大地唤醒了我们的求知热情。

在此汇集这些不多的回忆，是希望表达我对他的尊敬，也希望有助于建立一个人类天才的表率，和一个品德高尚、思想伟大的人的光辉形象。他就像一个感悟真理的先知，从不因循守旧，爱好理性和明晰。只要我们能以追求理想为生活目的，本着自由正直的精神，勇往直前，诚实而不自欺，我们每一个人都会达到这种至美至善的精神境界。

# 附录 1　1903 年诺贝尔物理学奖授奖辞和获奖演说

## 授　奖　辞

瑞典皇家科学院院长

F. G. 托奈布赖德博士

陛下、殿下、女士们、先生们：

在过去十年里，物理学在科学发现方面，已经有了十分突出的成就，不仅令人钦佩而且出乎人们的意料。皇家科学院受托的任务之一，就是从物理学获得巨大发展的这一时期开始，实现诺贝尔在他遗嘱中表达的崇高意愿。今年，皇家科学院决定授予诺贝尔物理学奖的这一伟大发现，标志着一个光辉发展的阶段，而且它同 1901 年获得诺贝尔物理学奖的那个发现有着密切联系。

在 X 射线发现之后出现了一个问题：为什么这种射线不能在不同于第一次产生的条件下再产生？H. 贝克勒尔教授在这方面进行实验研究时，不仅回答了上述问题，而且得到了一种新的发现。

当高度稀薄气体放电管放电时，管中会出现一种辐射。这被称为阴极射线。当阴极射线撞到物体上时就产生了由伦琴发现的 X 射线。这种射线与物体相撞而产生光的现象，被称为荧光和磷光。贝克勒尔的实验正是从这种发光机制入手，对 X 射线进行了深入的研究。贝克勒尔思考了以下问题：物体发射的荧光是从哪儿来的？利用普通光作用一段时间，为什么不放射 X 射线？为了解决以上问题，贝克勒尔利用 X 射线使底片感光的性质，进行实验研究。这种方法是大家十分熟悉的方法。他将一张铝箔放在感光底片上，然后把涂有荧光物质的玻璃片放在铝箔上，看是否有辐射通过铝箔作用到底片上，因为只有性能与 X 射线相似的射线才能穿透金属箔。贝克勒尔的研究表明，照相底片对于所有的含铀盐的荧光物质都能够感光。因此，这些含铀盐的物质能发射一种特殊的射线，它不同于普通光线。进一步实验后，他发现了一个更不寻常的结果，即底片感光并不需要事先照射含铀盐的物质。这就是说，这种特殊的射线与荧光并没有直接关系，荧光物质并非产生这种特殊射线的物质。此外，这种辐射的物质似乎能以不变的强度不断地放射这种射线，其能量的来源不同于任何已知的能源。贝克勒尔就这样发现了天然放射性，以及用他的名字命名的射线。这揭示了物质的一种新的特性，也发现了一种起源不明的新能源。显然，这一发现必然会在科学界引起极大的关注，大量新的课题，贝克勒尔射线的性质以及贝克勒尔射线的起源等等，等待人们去彻底研究。正是在这一方面，居里夫妇率先进行了最广泛、最系统的研究。为了寻找具有铀的惊人特性的新物质，他们利用许多简单物质和大量矿物进行了大量实验。结果，居里夫人发现钍也有铀的特性，其辐射能力与铀相同。与她同时得到这一发现的还有德国的 G. C. 施密特。

在上述研究过程中，科学家们充分运用了贝克勒尔射线的特性，即它可以使在一般环境中不导电的物质导电。如果这种射线射在带电的验电器上，那么根据验电器放电的快慢就可以确定放射性的强弱。这样，验电器检验物质的放射性强弱，在一定的程度上可以起到和用光谱仪寻找新元素一样的作用。居里夫妇正是利用验电器的这一功能，发现铀沥青矿的放射性比铀还强。于是他们得出结论，铀沥青矿中一定含有一种或几种新的放射性物质。他们把铀沥青矿进行分解，再用验电器测出各成分的放射性强度，最后再用一系列溶解、分馏方法将放射性特别强的物质分离出来。为了达到这一目的，他们需要做大量工作，其工作量之大举一个例子就可想见：从1000公斤的原料中只能得到十分之几克这么少的放射性物质。从这少量离析出的物质中，居里夫妇发现了钋，他们同贝蒙特合作又发现了镭，德比尔纳发现了锕。在这些物质中，至少镭已经被证明是一种元素。

贝克勒尔通过研究铀的放射性，指出了这种射线的一些最基本的性质。然而，只有用上面提到的放射性更强的物质，才可能更广泛地研究贝克勒尔射线，以及更深入地观察其表现出来的特性。我们看到，在实现这一目的的科学家当中，走在最前面的是贝克勒尔和居里夫妇。

贝克勒尔射线在许多方面都有与光相同的性质，如直线传播，能引起荧光等。但也在许多方面与光有根本之不同，如它可以穿透金属和其他不透明的物体，能使带电体放电，不能像光一样反射、折射和干涉。在某些方面，贝克勒尔射线十分类似X射线和阴极射线，然而人们又发现，贝克勒尔射线并非单一的射线，它由不同的几种射线组成。其中有一些射线像X射线一样，在磁场和电场中不偏转，另一些则像阴极射线或戈德斯坦射线，在电场和磁场中偏转。贝克勒尔射线和X射线一样，有很强的生理效应，例如能灼伤皮肤、对眼睛发生作用等。有些放射性物质有一种特殊性能，即它能产生一种射气，使它周围所有的物体也具有暂时的放射性。

毫无疑问，贝克勒尔射线与X射线和阴极射线一定有密切关系，用于解释阴极射线的现代电子理论，也可以十分成功地解释贝克勒尔射线。

我们要结束对贝克勒尔和居里夫妇在这方面的发现的介绍了，因为我们已经概述了他们在1903年以前所得到的主要研究成果，他们因此被授予1903年诺贝尔奖。我们上面所做介绍的重要性，说明他们确实值得这一奖励。这些发现告诉我们，在稀薄气体放电中出现的特殊辐射，是一种广泛存在的自然现象。我们由此获得了一种有关物质性质的全新认识，这种性质就是自发地发射奇妙射线的能力；我们获得了一种无比优越的方法，利用它可以解决这一领域中的任何疑难问题；最后，我们发现了一种新的能源，虽然我们暂时不能对其做出全面的解释，但我们确信，在物理学和化学中，一种最有价值的新的研究即将蓬勃展开。

贝克勒尔和居里夫妇的发现，可以说开创了物理学史上一个新的纪元。现在我们谈谈居里夫妇近年来在这方面获得的出色的实验研究成果，他们发现镭会自发地释放出大量的热。这些发现与卢瑟福和拉姆塞关于镭放射氦的实验结果一起，对于物理学家和化学家来说，都具有重大的意义。由贝克勒尔发现而引起的希望，看来不久将全面得以实现。

贝克勒尔和居里夫妇的发现和研究，是彼此密切相关的，居里夫妇当然是众所周知的共同合作伙伴。瑞典皇家科学院认为，在对天然放射性的发现授予诺贝尔奖时，不应当对这几位杰出科学家区别对待。因此，皇家科学院决定将1903年诺贝尔物理学奖金的一半授予 H. 贝克勒尔教授，以奖励他对天然放射性的发现，另一半授予居里教授及其夫人，以奖励他们对 H. 贝克勒尔首先发现的射线进行验证时所做出的伟大贡献。

贝克勒尔教授，放射性的光辉发现向我们表明，人类在利用不屈不挠的才智"射线"穿过茫茫无垠的空间去探测大自然的奥秘时，取得了胜利。您的胜利是对以前的一种论调——"我们现在不知，将来也永远不知"——的一个最有力的驳斥。科学的发现唤起了希望，即科学家的辛劳将开辟出新的天地，这是人类不可缺少的希望。

居里教授及其夫人的伟大成功，证实了一句古老的格言："团结就是力量。"这使我们想起了上帝的一句话。这句话现在应该这样理解："一个人在世界上孤独无援不好，我将赐予他所期望的援助。"

我要讲的当然还不止这些。这两位博学的人的结合，代表了不同民族的合作精神，这是人类在发展科学中合作的力量的象征。

非常遗憾的是，这两位获奖者由于所承担的工作太多，不能和我们一同欢庆。幸运的是，我们的贵宾，法国代表 M. 马晋德部长非常愿意代替他们接受授予他的同胞的奖金。

# 获奖演说

## 放射性物质——镭

皮埃尔·居里（1905年6月6日）

首先请允许我告诉大家，我非常高兴今天能在这里向皇家科学院讲演。我们感谢皇家科学院决定把诺贝尔奖这一极大的荣誉授予居里夫人和我本人，但我们感到歉意的是，由于一些我们自己也无法控制的原因，我们未能在1903年12月10日在斯德哥尔摩市同大家见面。

今天我要讲的是放射性物质的特性，或者说镭的特性。我当然不可能只讲我们两人的研究工作。1898年，在放射性研究工作开始之初，只有贝克勒尔教授和我们两人对这个问题感兴趣。但是之后，越来越多的人开始从事这一研究工作，如果不提到这些物理学家的工作，那就无法深入地讨论放射性研究。这些物理学家有卢瑟福、德比尔纳、埃尔斯特、盖特尔、盖斯勒、考夫曼、克鲁克斯、拉姆赛和索迪。我在这儿只谈其中的几位，他们使我们对于放射性的认识有了重要的发展。

关于镭的发现，我想讲快一点，对它的特性也只做简括的介绍，我将对放射性的发现在各个科学分支取得的重大成果做重点介绍。

1896年贝克勒尔发现了铀及其化合物有一种特殊的放射性。铀放射出的微弱射线可以在照相底片上留下印迹；这一射线还可以穿透黑纸和金属，可以使空气导电；这种辐射不随时间而变化，但产生这种放射性的原因一开始我们并不清楚。

法国的居里夫人和德国的施密特都发现，钍及其化合物也具有这种放射性。1898年，居里夫人又指出，在实验室制备或使用的化合物中，只有含铀或钍的那些物质才放射出一定数量的贝克勒尔射线。我们称这些物质为"放射性物质"。

因此，放射性本身就是铀或钍的一种原子特性。如果某种物质中含铀或钍的量多，它的放射性也就越强。

居里夫人研究了多种含铀或钍的矿物。如上所述，这些矿物当然都有放射性。在测量放射性强度时，她发现有些矿物的放射性强度比它们所含对应量的铀或钍的放射性强得多。居里夫人认为，这些物质中可能含有我们尚未认识到的含有放射性的化学元素。居里夫人和我决定在一种铀矿物（铀沥青矿）中寻找我们设想中的新元素。我们对这种矿物首先进行化学分析，然后对分析出的每批矿物的放射性进行检测。这样，我们先发现了化学性质与铋很相似的强放射性元素，我们称它为"钋"，后来与贝蒙特合作，又发现了与钡的化学性质很相似的第二种强放射性元素，我们称之为"镭"。最后，德比尔纳又分离出第三种放射性元素"锕"，它属于稀土族。

这些元素在铀沥青矿中只有微量的存在，但它们的放射性却比铀的放射性大 200 万倍。经过大量的分析处理，我们成功地获得了足够数量的有放射性的钡盐，使我们可以用分馏法提取纯镭盐。镭与钡同是碱土族中的元素，但序数比钡大，它的原子量经居里夫人测定为 225。镭有特殊的光谱，首先被德马尔赛发现，后来又由克鲁克斯、朗格、普里希特、伊克斯纳和哈希克等人进行了研究。镭的光谱反应非常灵敏，但我们无法像利用放射性强度那样，利用它来发现微量镭的存在。

镭的放射性可以产生一些很强的效应，而且这些效应各不相同。

我们曾经做过以下一些实验：验电器放电，放射线穿过数厘米厚的铅板，镭引起火花，铂氰化钡、硅酸锌和紫锂辉石受激而发出磷光，射线可以使气体呈现不同的颜色，氟和佛青受镭辐射后热致发光，镭射线照相，等等。

镭这种放射性物质是一种可以持续不断提供能量的能源，用它的放射性强度可以表示出它的能量的大小。在我与拉博尔德合作的研究中还发现，1 克镭每小时连续释放的能量达 100 卡。卢瑟福和索迪，朗格和普里希特，还有埃斯特洛姆，都曾测量过镭释放的热量。据所测量的结果来看，镭释放能量的强度经过数年后都不会改变，因此，镭释放的总能量将十分惊人。

许多物理学家，如梅耶、E. 斯威得勒、盖斯勃、贝克勒尔、卢瑟福和 P. 维拉德等人及我和居里夫人的研究结果指出，放射性物质辐射出三种不同的射线。卢瑟福把它们命名为 α 射线、β 射线和 γ 射线。这三种射线的不同点在于，它们在磁场和电场中时受到的作用不同：磁场和电场能够改变 α 射线和 β 射线运动的轨迹。

β 射线的特性很像质量比氢原子小 2000 倍的带负电的粒子（电子），这与阴极射线很相似。居里夫人和我已经确定 β 射线带负电。α 射线与戈德斯坦发现的极隧射线相似，其特性是带正电，其重量似乎比 β 射线重 1000 倍。γ 射线与伦琴射线相似。

有几种放射性元素，如镭、锕和钍，除了它们本身有辐射作用以外，还能使其周围的空气变得具有放射性。卢瑟福认为，这些元素向周围空气中放出一种不稳定的放射性气体，他把这种气体叫作"射气"。

这种射气的强度随时间自发地作指数规律衰变，这种衰变规律被证实为放射性物质的特征。可以通过测定得出，镭射气每 4 天衰变为原来的 1/2；钍射气每 55 秒衰变为原来的 1/2；锕射气每 3 秒衰变为原来的 1/2。

当我们在放射性物质周围放置固态物质时，这种物质也会变成有放射性的。居里夫人和我发现的这种现象被称为"感生放射性"。这种感生放射性同射气一样不稳定，按各自特定的指数规律自发地衰变。

我们曾做过这样的实验：在玻璃管里装着镭的射气从巴黎运出，其具有感生放射性的射气到外地后仍可使验电器放电，在射气的作用下硫化锌也可发荧光。

此外，根据拉姆赛和索迪的研究，镭可以连续不断地自发产生氦。

看来，铀、钍、镭、锕的放射性在若干年内是不变的，但钋的放射性却按指数规律衰减着，140 天后衰减为 1/2，若干年内它就几乎完全消失。

以上所述都是极为重要的实验事实，是由许多物理学家经过不懈的努力而证实的。他们已广泛地研究了这些现象。

这些结果的重要意义现正在各门学科中显示出来。对于物理学来说，其意义是十分明显的。在实验室中镭成了进行研究的一种新手段，是一个新的放射源。对于β射线的研究，已取得了丰硕的成果：这项研究已经证明了 J. J. 汤姆逊和 O. 亥维赛关于运动中的带电粒子的质量的理论。根据这个理论，粒子的一部分质量是由于真空以太的电磁反作用引起的。考夫曼据有关镭的β射线实验提出了一个设想：有些粒子的运动速度仅稍低于光速。由汤姆逊和亥维赛的理论，当粒子运动速度接近于光速时，粒子的质量随着速度而增长，而且粒子的整个质量属于电磁性质的。如果物质真是由带电粒子组合而成，那么力学的基本原理看来就要从根本上加以修正了。

对于化学来说，认识放射性物质的特性，也许有更重要的意义，它使我们认识了一种维持放射性的能源。

在开始研究的时候，居里夫人和我就认为，这种现象可以用两种不同的一般假设来解释。关于这些假说，居里夫人在1899年和1900年做过阐述。

第一种假说：放射性物质从外界摄取能量，然后再释放吸收的能量，因此这种放射是二次辐射。空间不断被外来穿透性很强的射线所穿透，在穿透过程中被一定的物质所捕获。这种假说并不荒谬。根据卢瑟福、库克和 J. C. 麦克伦南最近的工作看来，这一假说有助于解释很多极微弱的辐射。

第二种假说：放射性物质释放的能量来自物质本身，因此放射性物质处在变化之中，它们逐渐地缓慢衰变，尽管其中有些物质的状态从表面上看并不变化。镭在数年中释放的热量，如果与相同重量的物质在化学反应中释放的热量相比，那是非常巨大的。然而，释放出的这些热量只不过是极少量镭在衰变时放出的能量，这些镭少得甚至在衰变数年后还察觉不出来。这无疑使我们得出以下结论：放射性物质的衰变原因，要比普通的化学变化深奥得多，因为放射性衰变时元素的转变，意味着原子的存在就会出现问题。

第二个假说在解释放射性元素的特性时，看来更富于创造性。特别是用它可以直接解释钋的自发衰变和由镭产生氦的问题。卢瑟福和索迪大胆地提出并建立了元素的衰变理论。他们认为，放射性元素的原子处于连续不断的、不可逆的解体过程。在卢瑟福的理论中，这种解体过程一方面会产生有穿透性的射线，另一方面会产生射气和感生放射性，后者是新的、常常是衰变极快的气态或固态放射性物质，它们的原子量都比衍生出它们的原元素原子量小。这样看来，如果镭是从其他元素中分离出来的，那么它的寿命将是很有限的。在自然界中，镭总是与铀共存的，可以设想它是由铀产生出来的。

因此，这是一个名副其实的元素衰变理论，只是它不像炼金术士所描述的那样。无机的物体在漫长的岁月里，总是按照不变的规律在演变着。

放射性现象对地质学也有意想不到的重大意义。例如，人们发现矿物中镭总是与铀伴生，B. B. 玻特伍德甚至还发现，在所有的矿物中镭和铀的比例是一个常数。这就证实了镭是从铀产生的设想。这一理论也可以推而广之，去解释在矿物中广泛存在的元素共存现象。可以想见，某些元素是在地球表面的一定区域形成的，它们是在一定的时间内由其他元素产生的，这个时间可能就是地质年代的标志。对于这个新的观点，地质学家们将会加以考虑。

埃尔斯特和盖特尔曾经指出，在大自然中镭射气散布范围很广，它的放射性在气象学中或许起着重要作用，因为空气的电离将引起水蒸气的凝聚。

最后，在生物科学方面，镭射线和镭射气产生了令人感兴趣的效应，目前科学家们正在研究这一效应。镭射线已用于治疗某些疾病（狼疮、癌症和神经方面的疾病）。在某些情况下，射线的作用可能有危险性。如果一个人把装有数十毫克镭盐的小玻璃瓶放在木盒或纸盒中，然后放在衣服口袋里几个小时，起初他绝不会有任何感觉，但过 15 天以后，他的皮肤就会发红，然后疼痛，这时想治愈就很困难了。如果受放射性作用的时间再长一些，人就会瘫痪和死去。因此，镭必须封存在厚的铅盒中运输。

我们可以想象得到，镭一旦落到了坏人手中，它就会成为非常危险的东西。由此可能会产生这样的问题：知道了大自然的奥秘对人类是否有益？人类从新发现中得到的是益处，还是害处？诺贝尔的发明就是一个典型的事例。烈性炸药可以使人类创造奇迹，然而在那些把人民推向战争的罪魁祸首的手里，烈性炸药就成了可怕的破坏武器。我信仰诺贝尔的信念：人类从新发现中获得的更美好的东西，将肯定多于它所带来的危害。

# 附录2  1911年诺贝尔化学奖授奖辞和获奖演说

## 授 奖 辞

瑞典皇家科学院院长、国家图书馆馆长
F. W. 达尔格伦博士

陛下、殿下、女士们、先生们：

皇家科学院于今年11月1日决定，将1911年诺贝尔化学奖授予巴黎大学理学院的教授玛丽·斯可罗多夫斯卡·居里女士，以表彰她在化学发展中所做的贡献：发现了化学元素镭和钋；确定了镭的特性并分离出纯金属镭；最后，研究了这个著名元素的化合物。

1896年，贝克勒尔发现铀元素的化合物中会放出射线。这射线使照相底片感光，使空气导电。这一现象被称为放射性现象，导致这一现象的物质被称为放射性物质。

稍后，人们发现化合物中的另一种元素，即由伯齐里乌斯发现的钍元素，也具有相同的特性。

因为发现和研究铀射线或称贝克勒尔射线，皇家科学院把 1903 年的诺贝尔物理学奖授给了贝克勒尔和居里夫妇。

在研究许多含铀和钍的化合物的过程中，居里夫人发现，放射性强度与这些元素在化合物中所占的比例成正比。但是，某些天然矿石，例如铀沥青矿石，却表现出意外情况——它的放射性强度大大超出了其含有的铀的放射性所能达到的预期值，实际上甚至比铀元素自身的放射性还要强。

合理的结论是，这些矿石中一定含有一种那时还未知的元素，且该元素有极强的放射性。的确，经过系统地利用十分复杂的化学程序，玛丽和皮埃尔·居里从几吨的沥青矿石中，最终成功地提炼出——坦白地说是少量的——两种新的放射性强的元素的盐，他们称这两种元素分别为钋和镭。

其中之一的镭元素，化学性质与金属钡相似，能够通过一条特征光谱而识别，一直被认为是可以分离成纯金属态的。它的原子量由居里夫人确定为 226.45。直到去年（1910 年），在一个合作者的帮助下，居里女士才成功地分离出纯金属镭。尽管有各种相反的假说，她还是确定了镭作为一个元素的位置。

镭是一种银白色且发光的金属，能剧烈地分解水，当与有机物例如纸接触时，它能使之烧焦。它的熔点是 7000℃，比钡更易挥发。

根据化学家的观点，镭和它的衍生物最显著的特点是，在不受外界条件影响下，它们将不断地释放出一种射气，这是一种放射性气体，在低温下可以凝聚成液体。这种被建议称为氡的气体，似乎在各方面都具有元素的特性，化学性质与所谓的惰性气体非常相似，它的发现者当时就获得了诺贝尔化学奖。事情还没有结束，这种气体还不断地自行分裂，在它的产物中，诺贝尔奖获得者拉姆塞爵士发现了气态的氦元素，后来其他的著名科学家也发现了氦。这种元素曾经在太阳的光谱中被观察到，在地球上也可少量地找到。

这个事实在化学史上首次表明，一种元素真的可以转变成另一种元素。而且，正是由于这一原因使镭的发现有了更为重大的意义：它引起了化学革命，开创了化学的新篇章。

化学元素绝对不变的理论不再有效了，因为科学家已经揭开了一些至今还遮盖着的元素演变的秘密。

炼金术士最感亲切的嬗变理论，意外地死而复生，不过这次是以一种精确的形式，排除了任何神秘的要素。具有这种嬗变功能的点金石不再是一种神秘而费解的炼金药液，而是现代科学所称的能量。

可以假定，由镭原子构成的粒子系统中一定包含着巨大的能量。当原子分裂时，这些能量以光和热的形式不断释放出来。这正是镭的特征。

由于以上成就，我们论及的不再仅仅是个别或者特殊的现象了。放射性更强的镭元素和钋元素的发现，已经导致许多其他寿命或长或短的放射性元素的发现。通过这些发现，我们的化学知识以及我们对自然界物质的了解得到很大扩展。

的确，镭的研究近年来导致了科学的一个新分支，即放射学的诞生。在巨大的科学王国里，放射学已经拥有自己的研究机构与杂志。

由于和其他自然科学，例如物理学、金属学、地质学和生理学，有许多结合点，这个自身很重要的学科又具有了更大的重要性。我们知道，由于镭的生理作用，镭在医疗方面得到了应用。许多应用者认为，放射性治疗法在治疗癌症和狼疮方面有良好的效果。

镭的发现，首先对于化学，接着对人类知识的许多其他分支和人类活动，都有巨大的意义。有鉴于此，皇家科学院有理由认为，应当将诺贝尔化学奖授予两位发现者的唯一幸存者——玛丽·斯可罗多夫斯卡·居里夫人。

居里夫人，1903年瑞典皇家科学院荣幸地把诺贝尔物理奖部分地授给了您和您的丈夫，以表彰你们在放射性方面的发现。

今年，皇家科学院决定授予您化学奖，以表示对您为这个学科付出巨大劳动的赞赏。您发现了镭和钋，您描述了镭的特性和它的分离，您研究了这一著名元素的化合物。在诺贝尔奖颁发的 11 个年头里，这是第一次将此殊荣赐给以前的获奖者。现在，夫人，请您允许我在这种场合下，用我们科学院对您近年来发现的关注，表明您的发现的重要性。请您接收国王陛下的授奖。

# 获奖演说

**镭与化学中的新概念**

玛丽·居里（1911年12月10日）

大约在15年前，铀的射线被贝克勒尔发现了，两年后，首先是由我，然后由皮埃尔·居里和我一起，将这个现象的研究扩展到其他物质上，这种研究使我们发现了新元素，它们的射线与铀的相似，但要强烈得多。所有放出这种射线的元素都被我称为放射性元素，它们在放射中显示出的新特性就被取名为放射性。幸亏发现了新的放射性极强的物质，特别是镭，它使得放射性研究取得了突飞猛进的进展。随后的发现接二连三地出现，它们显然地标志着一门新学科正在发展之中。通过把诺贝尔物理学奖授予这个领域中的先驱开拓者贝克勒尔、皮埃尔·居里和我，瑞典科学院十分善意地颂扬了这门学科的诞生。

从那时起，一大批一往无前的科学家献身于放射性的研究。请允许我向你们提及其中的一位。他通过准确的判断、想象力丰富的假说和他与他的学生们所完成的许多研究，不仅成功地使我们增长了知识，而且还对放射学进行了非常清晰的分类；他用一个适合于对现象进行研究的十分精确的理论形式，为这门新科学提供了一个主干。我很愉快地回忆起卢瑟福于1908年来到斯德哥尔摩，接受与他研究成就相称的诺贝尔奖。

这门新科学的发展远没有停止，而是沿着一条朝前的道路不断地前进。仅仅在贝克勒尔首次发现放射性的15年后的今天，我们就面临着一个充满着全新现象的世界，尽管它与物理学和化学有密切的联系，但仍属于一个特别的领域。在这个领域中，从普遍的理论观点来看，镭具有决定性的作用。这一物质的发现与分离证实了我的假说，按这一假说，放射性是物质的一种原子特性，并且能提供一种寻找新元素的方法。这个假设已导致了现在的放射性理论的形成，根据它我们可以肯定地预言，世界上还存在着大约 30 种新元素，而一般我们不能通过化学方法把这些元素分离出来或者用化学方法对它们进行描述。我们还假定，这些元素在进行着原子嬗变，支持这个假定的最直接的证据是由实验事实所提供的，即化学元素氦的形成起源于化学元素镭。

从这个角度来看，可以说分离镭的任务是构筑放射性科学大厦的基石。不仅如此，在放射性实验室里，镭是非常有用而且有力的工具。我认为，正是出于这些考虑，瑞典皇家科学院给予我极大的荣誉，把今年的诺贝尔化学奖授予了我。

因此，我的任务是向大家特别地介绍作为新化学元素的镭，而把对许多放射性现象的描述搁置一边，它们已在贝克勒尔、皮埃尔·居里和卢瑟福的诺贝尔演讲中叙述过。

在论及这次演讲的主题之前，我应提及的是，镭和钋的发现是由皮埃尔·居里与我共同完成的。在放射性的领域中，有几种基本研究，也要归功于皮埃尔·居里，其中有的是他独自完成的，有的是与他的学生们一起完成的。

离析纯镭盐以及把镭断定为一种新元素的化学工作，主要是由我完成的，但这与我们共同从事的工作有密切关系。因此，我认为我可以确切地形成这样的理解：科学院给我的这种崇高的荣誉，是由于这种共同的工作的缘故，并且也是对已故的皮埃尔·居里的纪念。

我首先应该向大家提到的是，放射性元素最重要的特性之一是使其附近的空气电离（贝克勒尔）。当把一种铀化合物放在一个金属板 A 上时，并在 A 板对面放置金属板 B，A 板与 B 板之间将维持着一个电势差，这样，在两板之间将出现电流；这电流在有适当的设备时能被精确地测量出来，而且它可以看作是对物质放射性的一种测量。使空气导电的原因可归因于铀化合物放出的射线所造成的空气的电离。

在 1897 年，我应用这个测量方法研究铀化合物的射线，紧接着又把这种研究扩展到其他物质上,为的是搞清楚其他元素是否也发射这种射线。这样我发现,在其他已知元素中,只有化合物中的钍与化合物中的铀表现相似。

基于这个事实,我坚持认为,铀和钍化合物的放射性看来是元素铀和元素钍的一种原子特性。含有铀和钍的化合物或者混合物的放射性,只与这些金属在其中的含量有关。这个放射性既不受物理状态的改变而改变,也不因化学状态的变化而破坏。

我测量了许多矿物的放射性,所有具有放射性的矿物均包含有铀或者钍。然而,一个意外的事实被我注意到了:某些矿物(铀沥青矿、铜铀云母、钙铀云母)的放射性比它们所含铀或钍所对应的辐射要强很多。含二氧化铀75%的某矿物的放射性是氧化铀的大约四倍。铜铀云母(铜和铀的磷酸盐晶体)的放射性大约是铀的两倍。这显然与这样的观点相矛盾,即任何矿物的放射性均不会比金属铀强。为了解释这一点,我从纯净的产品中人工合成了铜铀云母晶体,而它的放射性完全符合于其中含铀量所对应的辐射,它的放射性是铀的一半。

因此,我认为天然矿物的极强的放射性,可能是由其中存在着的少量的、具有极强放射性的物质决定的,而这物质不同于铀、钍或其他已知元素。这还使我想到,如果真是这样的话,我也许能够通过一般的化学分析方法从矿物中提取这种物质。皮埃尔·居里和我立即着手做这项研究,希望新元素的含量比例能达到百分之几。实际上这个比例比预想的要低得多,以致我们花了几年的时间才明确地证明,铀沥青矿物中至少含有一种强放射性的物质,用化学术语来说,这种物质是一种新元素。

我们因此创造了寻找新元素的一种新方法,一种把放射性看作是物质的一种原子特性的方法。每次化学分离后都紧跟着对获得的产物的放射性进行一次测量,用这个方法就可能从化学角度确定放射性物质的变化。这个方法已得到广泛的应用,在某种程度上与光谱分析相似。由于放射的射线是多种多样的,因而这个方法能够被加以改善并扩展,使它不仅可用来发现放射性物质，而且还可以相当准确地区别它们。

利用上述方法我们还发现，实际上，可以通过化学方法浓缩放射性物质。我们发现，铀沥青矿物至少包含两种放射性物质，其中一种伴随着铋，取名为钋；另一种与钡配对，取名为镭。

从那以后被发现的其他放射性元素有锕（德比尔纳）、放射性钍和新钍（哈恩）以及钍的一种同位素（玻特伍德）等等。

我们相信，我们所发现了的物质都是化学新元素，这个信念的产生仅仅是基于它们放射性的原子特性。然而，从化学角度来看，一开始我们发现的物质一个好像是纯铋，另一个好像是纯钡。但根据与元素踪迹相连的放射性特征，我们否定了铋和钡的设想。下一步要做的事情是要分离出预期中的元素。尽管离析镭的工作完成得相当成功，但还是花去了几年的不断努力。纯镭盐的制造已经工业化了，而其他新的放射性物质还没有达到这种程度。

含有放射性的矿物正被非常详细地研究着，因为镭的存在使它们变得相当有价值。它们既可以通过静电测量法识别，也可以通过它们使照相底片感光来识别。最好的锡矿石是来自奥地利圣约阿希姆斯塔尔矿的铀沥青矿石，它们长期地被利用来加工铀盐。在加工之后，矿石的残渣仍含有镭和钋。我们经常利用这种残渣作为我们的原材料。

第一步处理是提取含有放射性的钡的化合物和伴随钋的铋的化合物。这步处理，最初在实验室进行时只用了几千克的原材料（大约20千克），后来在一个工厂里进行时则需要用好几吨。实际上，我们从实践中逐渐认识到，原材料中含镭的比例是每吨几分克（1分克＝1/10克）。从1吨的残渣中大约可以提取10至20千克未经提炼的含镭的硫酸钡。这些硫酸盐的放射性是等量铀的30至60倍。硫酸盐经过精炼后成为氯化物，在这种钡和镭的氯化物的混合物中，镭的含量仅占十万分之三。在法国的产镭工业中，由于经常利用非常低等的矿石，镭含量所占的比例还要低很多。为了从钡中离析镭，我对氧化物采用了一种分段结晶法（溴化物也可以采用这个方法），比钡盐难溶的镭盐逐渐浓缩成晶体。分段法是一个漫长而又有序的操作方法，其结果是逐渐除去了钡。为获得极纯的镭盐，我不得不进行几千次的结晶。分段法的进程受到放射性测量的提示。

首次证明镭元素的存在是由光谱分析完成的。由结晶法得到的一种氯化物显示出一条新谱线，德马尔赛把这条新谱线的出现归因于这种新元素。当放射性物质进一步浓缩时，这条新谱线更加鲜明，而且出现了其他一些谱线，与此同时钡的谱线却开始模糊。当纯度达到极高时，钡的谱线几乎看不见了。

在光谱分析下，我反复从它的盐中确定这种金属的平均原子量。方法是在已知数量的无水氯化物中确定银白色的氯化物中的氯的含量。我发现，只要天平能很快地平衡，从而避免在称量过程中碱土金属的盐吸收水分，这种方法甚至对质量很小的物质（0.1 至 0.5 克）都可以给出非常好的结果。随着光谱显示的镭含量的增加，原子量也在增加。已成功测得的原子量分别为 138，146，174，225 和 226.45。这个最后的值是用 0.4 克的非常纯的镭盐于 1907 年获得的。一系列测定的结果分别是 226.62，226.31 和 226.45。这些已被新近时期的实验所证实。

制备纯镭盐和确定镭的原子量已经毫无疑问地证实，镭是一种新元素，在元素周期表中它有一个确定的位置。在碱土金属家族中，镭是在钡下面的一个同族元素，与铀和钍在同一横排中。镭的光谱现在已非常确切地知道了。这些关于镭的确定结果使化学家们十分信服，放射性这门新学科因此而建立起来。

从化学上来看，镭和钡几乎没有什么差别，这两个元素的盐是同构的，只是镭盐比钡盐通常难溶一些。十分有趣的是，镭的强放射性与其化学性质反常无关，化学性实际上是根据其原子量而在周期表中的位置来决定的。固体盐中镭的放射性是同等质量的铀的 500 万倍。由于这种放射性，它的盐是不断发光的。我还应该提到，镭所发出的能量可以以热的形式被测量，每克镭每小时大约放出 118 卡的能量。

镭已被离析成金属态（玛丽·居里和德比尔纳于 1910 年合作实验

得到）。采用的方法是，在纯氢中蒸馏镭的混合物，该混合物是利用一个水银阴极电解氯化物的溶液而形成的。我们只处理了一分克的盐，并且遇到了相当多的困难。金属镭大约在 700 ℃ 时达到熔点，在此温度之上开始蒸发。它在空气中极不稳定，并使水剧烈地分解。

如果我们假定镭盐的放射性是镭的一种原子特性，而且这种特性不受化合状态的影响，那么，镭的放射性特性就能准确地预言。确定这一点是十分重要的，因为怀疑一直存在着，对怀疑者来说，放射性的原子假设仍然不能让他们信服。

尽管至今只获得数量极少的镭，但我们完全可以肯定地说，它是一个完全确定并且已经被详尽研究过的化学元素。

不幸的是，对钋还不能这么说，尽管有相当多的努力花费在它上面。这里最大的困难是矿物中钋的比例要比铀的比例小 5000 倍。

在预言这个比例的理论根据不是很明确的时候，我曾为浓缩钋做过几次极其艰难的操作，而且已获得了具有极强放射性的产物，但没有达到像镭那样的肯定结果。困难被这样的事实加重了，即钋在不断地蜕变，140 天衰变为原来的一半。我们现在知道，镭也没有一个无限的寿命，只不过衰变速度很慢（它的半衰期为 2000 年）。利用我们的仪器设备，我们几乎没有希望确定钋的原子量，因为理论预言，每吨富矿石只含有百分之几毫克的钋，但是，我们能有希望观察到它的光谱。浓缩钋的操作过程，正如我后面要指出的那样，只不过具有理论上的巨大兴趣。

最近，与德比尔纳合作，我处理了几吨的铀矿残渣，以期制备钋。处理工作的初期是在工厂进行的，后来又移至实验室，最终获取了几毫克的物质，这物质的放射性比同等质量的纯镭的放射性要强 50 倍。在这物质的光谱中，观察到一些新的谱线，它们似乎应归因于钋，其中最重要的谱线的波长是 4170.5 埃。根据放射性的原子假设，钋的光谱应与放射性活性同时消失，这一事实可以被实验证实。

到此为止，我只把镭和钋作为化学物质来考虑。我已经证明了，放射性是物质的一种原子特性的这个基本假设如何导致了新化学元素的发现。我现在将要叙述，这个假说的范围是如何通过原子放射性嬗变理论建立过程中的深思熟虑和实验事实得以广泛地扩展的。

因为放射性现象涉及能量来源，因此这个理论的起点必须从这儿去寻找。当一种射线产生热、电和光现象时，这能量就变得明显了。在不知道因何激发放射性物质不断发射能量时，为解释这能量的释放，各种各样的假说就被提了出来。由皮埃尔·居里和我在我们研究开始提出的一个假设是：假设辐射是物质的一种放射，它伴随着放射物自身重量的减小而减小；能量取自于物质自身，这说明物质的演变还没有完成，还在进行一种原子的嬗变。这个假说发表之初，还有一些其他假说与它同样有说服力，而现在它已具有绝对重要的意义，最终确定了它在我们心中的地位，这是因为一个重要的实验事实证实了它。这个事实基本情形如下：在一系列放射性现象里，放射性产生的物质数量是极小的，无法称量，而且辐射不持久，它们以不同的速度随时间消失。例如钋，射气和感应放射性的沉淀物等。

还在某些事例上可以确定，观察到的放射性随时间而增加。这发生在新近制备的镭、刚刚引入测量设备的射气和除去钍 X 的钍等情形中。

对这些现象进行仔细研究后，可以得到一个十分令人满意的一般解释，只要我们假定：每一次观察到放射性递减，那就一定伴有放射性物质的毁灭；每一次观察到放射性的递增，那就一定伴有放射性物质的产生。除了这些消失或出现的射线有极不相同的特性以外，我们还可以确信每一种射线都标志着放出它的物质，而且与该物质同时出现和消失。

由于放射性在本质上是原子的另一种属性，因此，放射性增强或减弱的明显不同，就对应于一种放射性物质原子的产生或毁灭。

最后，如果假定放射性能量来自原子嬗变，那么我们就可以推测，每种放射性物质都会进行这种嬗变，尽管它们对我们来说好像是不变的。在这种情形下，嬗变进行得非常缓慢，例如镭和铀就是如此。

我刚才概述的理论是卢瑟福和索迪的研究成果，他们称之为原子蜕变理论。通过应用这个理论可以得出结论：一种初始放射性物质，例如镭，进行着一系列原子的嬗变，由镭原子开始产生一连串原子量越来越小的原子，只要产生的原子还有放射性，就不可能达到一种稳定的状态。稳定只有在非放射性物质中达到。

从这个观点来看，这个理论最成功之处是以下预言：在放射性矿物中的总会出现的气体氦，可以看成是镭演变的最终产物之一；当镭原子以辐射出 α 射线的形式衰变时，氦原子就形成了。如今，镭原子的产物氦已被拉姆赛和索迪的实验所证实。已经确定的化学元素镭导致另一个已经确定的化学元素氦形成，这再没有什么可争论的了。不仅如此，卢瑟福和他的学生的研究已经证明，由镭发射的带电荷的 α 粒子也以氦气的形式被发现，这些氦气处于 α 粒子所经过的空间。

我在这里必须说，对镭和氦之间关系的富有想象力的解释，完全依赖于这样的事实：镭，就像其他已知元素一样，有权利被看作一个化学元素，不能再把它看作是氦和其他元素相结合的一个分子。这表明，在这种情形下为证明镭的化学独立性所完成的研究是多么的重要，并且我们还可以看出，放射性的原子性质的假说和放射性嬗变理论，导致了首例原子嬗变实例的实验发现。这一事实的意义是任何人也无法否认的，从化学家的角度来看，它毫无疑问地标志着一个时代的开始。

在放射性嬗变理论的指引下，已发现了近 30 种新的放射性元素，根据初始物质的不同可把它们分为 4 个系：铀系、镭系、钍系和锕系。铀系和镭系实际上可以合并，因为似乎可以证明镭是铀的一个衍生物。在镭系中，最后已知的放射物是钋。钋是镭的一个产物，这在现在已是一个被证明了的事实。锕系同镭系很可能有关。

我们已知，氦气是镭分解的一个产物。氦原子是从镭原子分离出来的，是嬗变过程中的衍生物。一般认为：镭原子在分离出 4 个氦原子后，就产生 1 个钋原子；在分离出第 5 个氦原子后，就形成 1 个原子量为 206 的非放射性物质（其原子量比镭少 20 个单位）。根据卢瑟福的观点，这个最终的元素只能是铅。这个猜想在我的实验室里正处于实验证明阶段。由钋产生氦已经被德比尔纳证实。

相当大量的钋已由居里和德比尔纳制备出来,并被用于一个重要的研究。这些研究包括为钋发射的大量的α粒子计数和收集并测量其对应的氦的体积。因为每一个α粒子对应一个氦原子,根据给定的体积和测量的质量,氦原子的数目就可以确定。这也可使我们推断出一克分子的分子数。我们知道,这个数就是非常重要的阿伏伽德罗常数。对钋进行的实验已经为这个数提供了第一批值,它与用其他方法得到的数值很好地吻合。α粒子的计数被卢瑟福用静电测量法做过,这个方法现在由于有了照相记录仪,已得到改善。

最近的研究表明,钾和铷也发射出一种非常微弱的射线,它与铀和镭的β射线相似。我们还不知道,我们是否能将这些物质看成真正的放射性物质,即处于嬗变中的物质。

最后,我想强调放射化学这门新学科的特性。为了从矿物中提取镭,我们处理了成吨的矿石。在一个实验室利用的镭的数量,只在1毫克数量级,最多在1克数量级,其价值为每克40万法郎。以前在处理含镭的物质时,镭的含量通常无法用天平称量,甚至不能为光谱所测量。如今,我们已有了非常完善和灵敏的测量方法,使我们可以非常准确地知道我们正在使用的镭的数量。通过静电测量法的放射性分析,我们能计算十万分之一毫克以内的镭,并可以在几克矿物中探测到含$10^{-10}$克的镭。这个方法是唯一的能在矿物中发现镭的方法。这个方法的灵敏性在探测镭射气方面更加引人注目,它能够探测到体积仅在$10^{-10}$立方毫米的射气。对于类似的射线,当一种物质的特殊放射性与其平均寿命成反比时,其结果是:如果平均寿命很短,辐射的反作用将获得一种空前的灵敏性。我们现在已习惯在实验室中处理这些仅仅由放射性才知道其存在的放射性物质,不过,我们还可以从它们的溶液和电解沉淀物中测定、溶解和重新沉淀它们。这意味着,我们就此拥有了一门完全独立的化学。在其中我们通常应用的工具是静电计,而不是天平,我们也许可以把这门化学称为"无法称量的化学"。

# 附录3 居里夫人生平大事年表(译者编)

▶ ▶ ▶ ----------------------

## 1867年

11月7日,玛丽·斯可罗多夫斯卡,出生于波兰首都华沙市。父亲乌拉狄斯拉夫·斯可罗多夫斯基是中学物理教师,母亲布罗尼斯洛娃·柏古斯卡·斯可罗多夫斯卡是女子寄宿学校的校长。

## 1868年(1岁)

父亲被任命为一所中学的副督学,母亲体弱多病,又要照顾5个孩子,故辞去寄宿学校校长职务。

## 1873年(6岁)

进入私立寄宿学校读书。

## 1876年(9岁)

1月,年仅14岁的大姐索菲因患斑疹伤寒医治无效而去世。

## 1878 年（11 岁）

5 月 9 日，母亲因长期患肺病不治而去世。

## 1881 年（14 岁）

进入由俄国人管理的公立中学。

## 1883 年（16 岁）

6 月 12 日，以优异成绩从中学毕业，并荣获金质奖章。

毕业后因为身体的原因，在波兰南部乡间亲戚处度假一年。

## 1884 年（17 岁）

9 月，返回华沙，开始在市内担任家庭教师。

参加由波兰爱国知识青年定期秘密组织的"流动大学"，一面学习，一面从事爱国活动。

## 1886 年（19 岁）

只身前往农村担任家庭教师，直到 1889 年 6 月。

## 1890 年（23 岁）

9 月，返回华沙，到表兄约瑟夫·勃古斯基领导的工农业博物馆里做物理学和化学实验。生平第一次进入实验室。

## 1891 年（24 岁）

9 月，赴巴黎留学。

11 月，进入巴黎大学理学院物理系，注册时名为玛丽·斯可罗多夫斯卡。

## 1893 年（26 岁）

7 月，以第一名的优异成绩通过物理学学士学位考试。

申请到华沙的"亚历山大奖学金"600 卢布，解决了在巴黎大学继续攻读数学学士学位的经济困难。

## 1894 年（27 岁）

承担法国国家工业促进委员会关于钢铁磁性的研究课题。

4 月，与皮埃尔·居里相识。

7 月，以第二名的成绩通过数学学士学位考试；回波兰度假。

10 月，重返巴黎，继续完成课题研究任务。

## 1895 年（28 岁）

7 月 26 日，与皮埃尔·居里结婚。

## 1896 年（29 岁）

2 月，法国物理学家贝克勒尔教授发现铀能够放射出一种射线，这种未知的射线被称为"贝克勒尔射线"。这个新发现在两年后引起了玛丽和皮埃尔的关注。

8月，通过在中等教育界任职的资格考试，获物理学考试第一名；到理化学校实验室工作。

## 1897年（30岁）

发表第一篇学术论文《淬火钢的磁化特性》。

9月12日，长女伊伦娜出生。

## 1898年（31岁）

年初，选择铀射线作为博士论文课题，很快发现钍也能够放射出贝克勒尔射线，引入术语"放射性"。

与皮埃尔开始密切合作，共同研究放射学。

7月，与皮埃尔宣布发现一个新的放射性元素，其放射性比铀要强400倍。为纪念祖国波兰，玛丽建议用波兰的名字命名新元素为钋。

12月，居里夫妇和同事贝蒙特宣布又发现一种新元素，其放射性比铀要强百万倍，命名为镭。

## 1899年（32岁）

奥地利政府决定把所属捷克圣约阿希姆斯塔尔矿的一吨铀沥青矿残渣赠予居里夫妇，供他们提取纯镭之用。夫妇两人在理化学校一间简陋的木棚屋里开始提炼纯镭。

## 1900年（33岁）

3月，皮埃尔在高等综合工业学校获得助理教授一职；玛丽受聘到凡尔赛附近的赛福尔女子高等师范学校执教，讲授物理学。

10月，经法国著名数学家彭加勒推荐，皮埃尔到巴黎大学任教，讲授为医科学生开设的《物理、化学和博物学》课程（P. C. N.）。

## 1902年（35岁）

提炼出1分克的氯化镭，第一次测得镭的原子量为225.00（现在更精确的数值为226.00）。

父亲斯可罗多夫斯基先生逝世，享年70岁。

## 1903年（36岁）

6月，向巴黎大学提交博士论文《放射性物质的研究》，获理学博士学位。

12月，与皮埃尔·居里和贝克勒尔共享1903年度诺贝尔物理学奖。玛丽成为第一位荣获诺贝尔奖的女性。

## 1904年（37岁）

10月，皮埃尔出任巴黎大学理学院新设物理学课程教授。

11月，玛丽任巴黎大学理学院物理实验室主任。

12月，次女艾芙出生。

## 1905年（38岁）

6月，居里夫妇前往瑞典斯德哥尔摩做诺贝尔获奖演讲。

7月，皮埃尔当选为法兰西科学院院士。

## 1906 年(39 岁)

4月,皮埃尔因为车祸去世,享年47岁。

5月,玛丽受聘于巴黎大学理学院,接替皮埃尔的工作,继续讲授物理学课程。11月5日正式上课,讲课内容是电与物质的现代理论。

## 1907 年(40 岁)

提炼出纯净氯化镭,测出镭原子量为226.00,发表论文《论镭的原子量》。

## 1908 年(41 岁)

晋升为教授。

## 1909 年(42 岁)

伊伦娜入正规学校就读。

## 1910 年(43 岁)

提炼出纯金属镭元素;《论放射性》两卷本专著出版。

9月,参加在比利时布鲁塞尔举行的放射学会议,卢瑟福、德比尔纳、哈恩、索迪等著名科学家均出席会议;发表《放射性系数表》;受托制备21毫克金属镭作为基本标准,封存于小试管中,存放在巴黎国际度量衡标准局。

## 1911 年（44 岁）

1 月，竞选法兰西科学院院士，以一票之差落选。

10 月 29 日，应邀参加在比利时布鲁塞尔举行的第一届索尔维会议，普朗克、爱因斯坦、洛伦兹、卢瑟福、J. J. 汤姆逊等世界著名科学家出席。

12 月，瑞典皇家科学院诺贝尔奖评审委员会宣布将 1911 年度诺贝尔化学奖授予玛丽·居里，以奖励她"发现镭、钋元素的化学性质，从而推进了化学研究"，她成为第一位荣获两次诺贝尔奖的人。11 日，发表诺贝尔奖获奖演说《镭和化学中的新概念》。29 日，住进医院。

## 1912 年（45 岁）

12 月，发表论文《放射性的测量和镭的标准》。

## 1913 年（46 岁）

华沙实验室落成，亲自到华沙为实验室揭幕。

夏季，接受肾脏手术。

10 月，出席在比利时布鲁塞尔举行的第二届索尔维会议。

## 1914 年（47 岁）

7 月，巴黎镭研究所居里楼落成，担任镭实验室主任。

## 1914—1918 年（47~51 岁）

第一次世界大战期间，奔波于法国战地，指导 18 个战地医疗服务队用 X 射线拍片配合战地救护。

## 1919 年（52 岁）

巴黎镭研究所重新开始运作。

## 1920 年（53 岁）

居里基金会成立，由 1920 年度开始拨款支持镭研究所。
5 月，接受美国新闻工作者麦隆内夫人采访。

## 1921 年（54 岁）

《放射学和战争》一书在巴黎出版。
3 月 8 日，会见中国北京大学校长蔡元培。
5 月，与两个女儿一起出访美国，接受美国妇女捐赠的 1 克镭；20 日，由哈定总统在白宫主持赠送仪式。
10 月，出席在布鲁塞尔举行的第三届索尔维会议。

## 1922 年（55 岁）

2 月，被选为巴黎医学科学院院士。
5 月，出任联合国国际文化合作委员会委员。

## 1923 年（56 岁）

7 月，因白内障接受眼科手术，未痊愈，后于 1924 年、1930 年又接受三次手术。

撰写《皮埃尔·居里传》（1924 年出版）。

应麦隆内夫人之请撰写自传。

## 1924 年（57 岁）

巴黎大学举行纪念会庆祝发现镭 25 周年。

12 月，接收朗之万介绍的学生 F. 约里奥为研究助手。

## 1925 年（58 岁）

回华沙为镭研究所奠基，任名誉所长。

10 月，出席第四届索尔维会议。

## 1926 年（59 岁）

10 月，伊伦娜与 F. 约里奥结婚。

## 1927 年（60 岁）

10 月，出席第五届索尔维会议。

## 1929 年（62 岁）

第二次出访美国，代表华沙镭研究所接受美国人民赠予波兰的 1 克镭，由胡佛总统主持赠送仪式。

秋季，接收中国清华大学物理系第一届毕业生施士元为研究生。

## 1930 年（63 岁）

10 月，出席第六届索尔维会议。

## 1931 年（64 岁）

到华沙主持镭研究所开幕典礼。

## 1933 年（66 岁）

在西班牙马德里举行的国际文化合作委员会会议上被选为主席，并在会上呼吁各国保卫科学和文化。

10 月，和约里奥-居里夫妇一起出席第七届索尔维会议，这是居里夫人最后一次出席该会议。在这次会议上，约里奥-居里夫妇报告了"他们很有成果"（N. 玻尔语）的研究论文。

## 1934 年（67 岁）

指导约里奥-居里夫妇发现人工放射性，并预计这项发现可能会获得诺贝尔奖。

撰写《放射性》两卷本（1935年出版）。

6月，因病住进疗养院。

7月4日，因白血病逝世。

7月6日，安葬于巴黎郊外西奥镇居里墓地。